『어린이』
총목차
1923-1949

| 엮은이 |

김경희 서울대 대학원에서 구비문학을 전공하고 있으며, 아동문학에 관심을 가지고 공부하고 있다. 특히 방정환, 심의린, 김복진, 연성흠 등 동화 구연가에 대해 중점적으로 연구하고 있다.

박종진 아동문학 연구자, 번역가. 전주교대에서 아동문학을 강의하며, 국립어린이청소년도서관에서 '옛이야기 들려주기' 강좌를 담당하고 있다. 일본 시라유리여자대학교에서 『미야자와겐지 연구』(2014)로 박사학위를 받았으며, 논문 「마쓰무라 다케오 『일본동화집』 「조선부」의 개작 양상 연구」 등이 있다.

서희경 숭실대학교 문예창작학과를 졸업하고 동 대학원에서 박사과정을 수료했다. 서울 인문학 장학생 및 2007년 『시와정신』 신인상, 2011년 『아동문학평론』 신인문학상을 받으며 동시인이 되었다. 한남대에서 아동문학을 강의하였고 현재 '내일새싹학교' 교사로 있다.

이혜영 그림책 및 아동문학 연구자. 동국대 대학원 가정학과 석사과정으로 아동학을 전공하였으며, 일본 바이카여대 대학원에서 아동문학과 연수를 거쳤다. 동국대학교, 명지대학교에서 출강하였고, 어린이 도서관 활동과 그림책 방면에 관심을 가지고 연구하고 있다.

장정희 동화작가. 문학박사. 고려대학교 대학원에서 「방정환 문학 연구」로 박사 학위를 받았으며, 장편환상 『마고의 숲』, 학술서 『한국 근대아동문학의 형상』 등을 펴냈다. 방정환문학상, 율목문학상을 수상하고, 지훈학술지원을 받았다. 현재 한국아동문학연구센터 방정환연구실장, 경희대학교 학술연구교수의 소임을 맡고 있다.

오영식 중앙대학교 대학원 국문학과를 졸업했다. 현재 보성고등학교 국어 교사로 있다. 전 『불암통신』(1990~2005) 발행인이며, 근대서지학회 총무와 반년간 『근대서지』 편집위원장으로 활동하고 있다. 대한출판협회 주관 모범장서가에 선정되었으며(1988.10), 한국출판학회 우수저술상을 수상했다(2010.2). 지은 책으로는 『해방기간행도서총목록 1945~1950』(2010 문화관광부 우수학술도서), 『보성백년사』(공저, 2006), 『틀을 돌파하는 미술 - 정현웅 미술작품집』(공저, 2012), 『김광균 문학전집』(공편, 2014) 등이 있다.

근대서지총서 09

『어린이』 총목차 1923-1949

초판인쇄 2015년 12월 1일 **초판발행** 2015년 12월 5일
엮은이 김경희 박종진 서희경 이혜영 장정희 오영식
펴낸이 박성모 **펴낸곳** 소명출판 **출판등록** 제13-522호
주소 서울시 서초구 서초중앙로6길 15, 1층
전화 02-585-7840 **팩스** 02-585-7848 **전자우편** somyong@korea.com **홈페이지** www.somyong.co.kr

ISBN 979-11-5905-024-4 94010
ISBN 978-89-5626-442-4 (세트)

값 12,000원

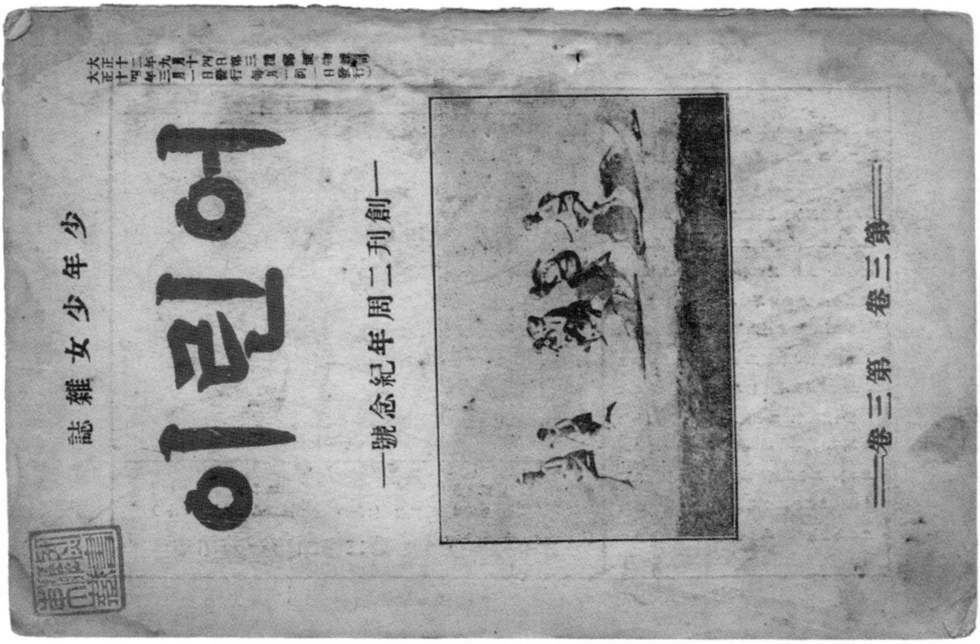
少年少女雜誌
어린이
創刊二周年紀念號
第二卷第三號

少年少女雜誌
어린이
第二卷第七號

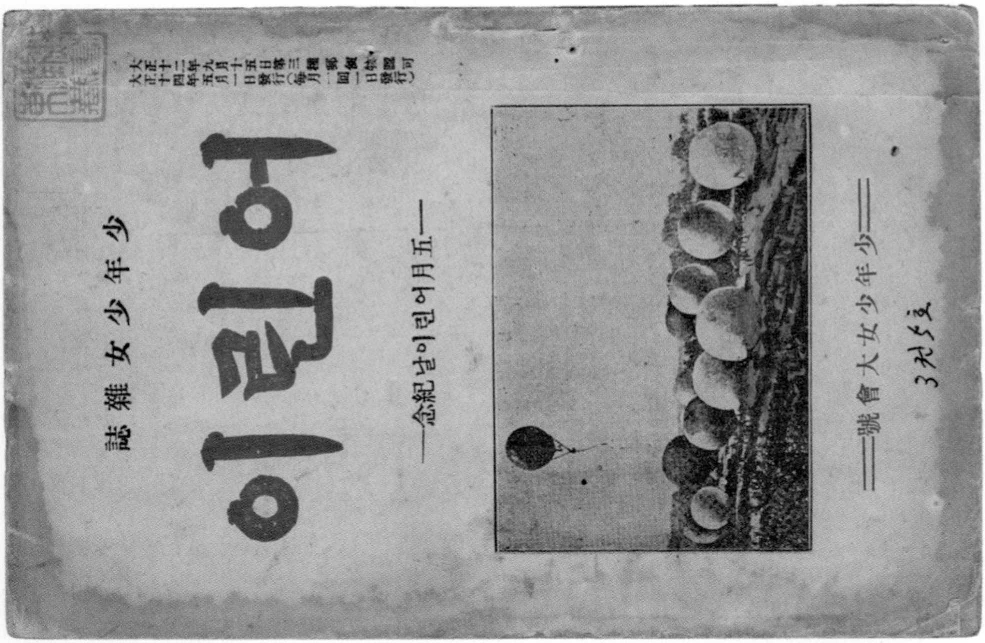
少年少女雜誌
어린이
五月어린이날紀念
少年少女大會號

少年少女雜誌
어린이
四月號
第三卷第四號

少年少女雜誌
어린이
七月號
第三卷第七號

少年少女雜誌
어린이
六月號
第三卷第六號

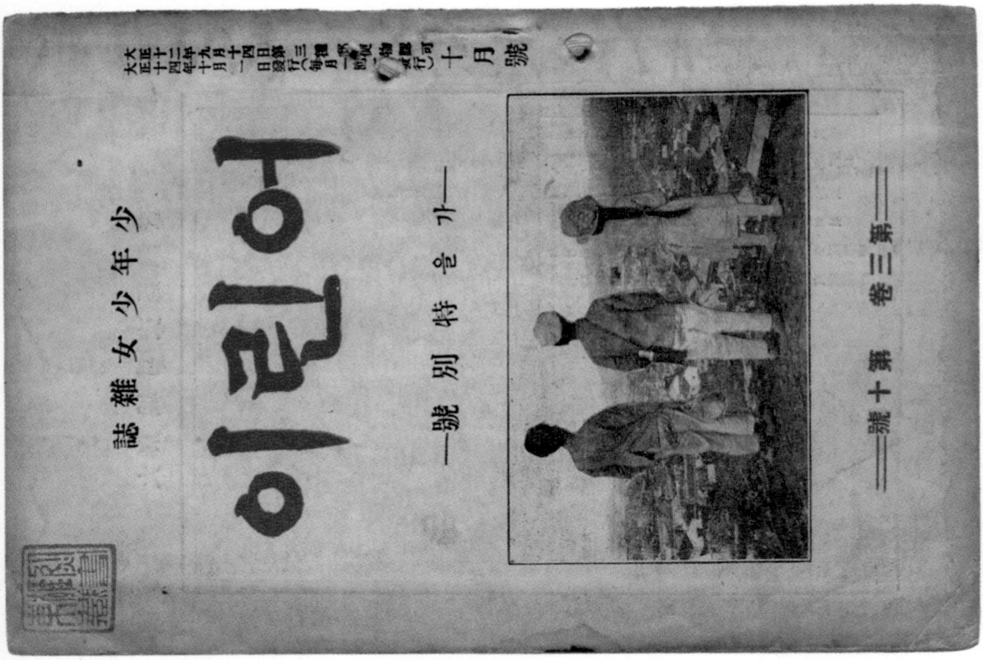
少年少女雜誌
어린이
가을特別號
第三卷 第十號
十月號

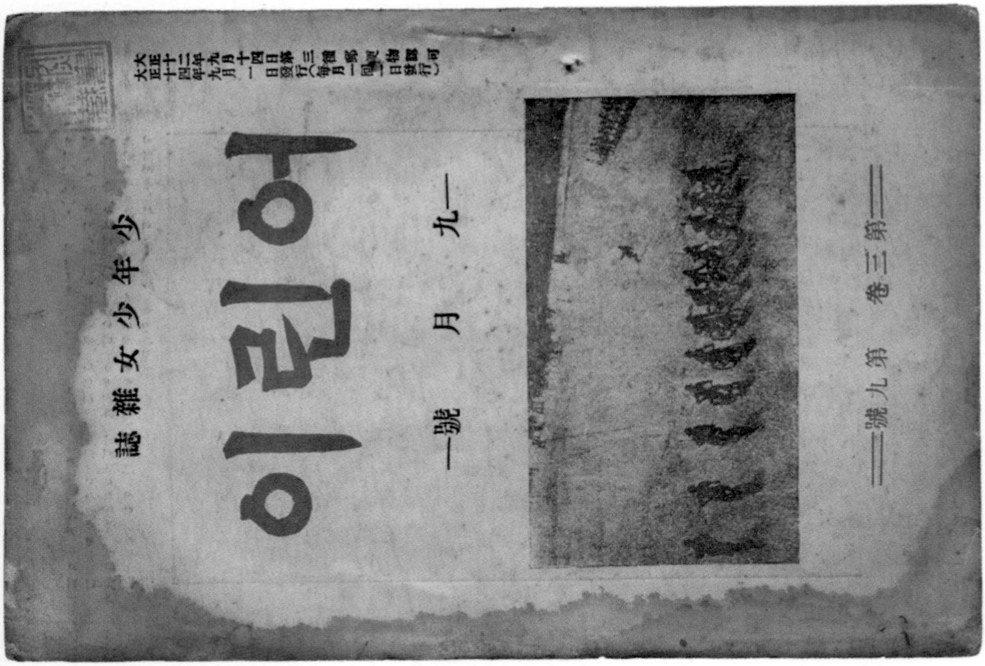
少年少女雜誌
어린이
九月號
第三卷 第九號

少年少女雜誌
어린이
二月號
第四卷第二號

少年少女雜誌
어린이
十二月號
第三卷第十二號

少年少女雜誌
어린이
四月號
第四卷 第四號

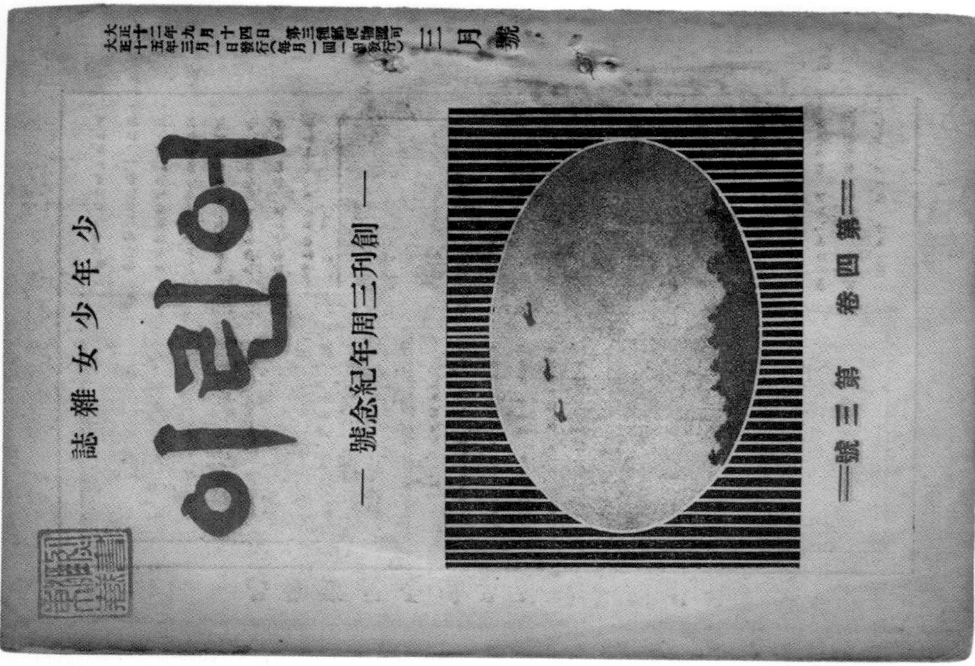
少年少女雜誌
어린이
創刊三周年紀念號
三月號
第四卷 第三號

少年少女雜誌
어린이
六月號
第四卷 第六號

少年少女雜誌
어린이
어린이날紀念號
第四卷 第五號

少年少女雜誌
어린이
十一月號
第四十四號
第四卷 第九號

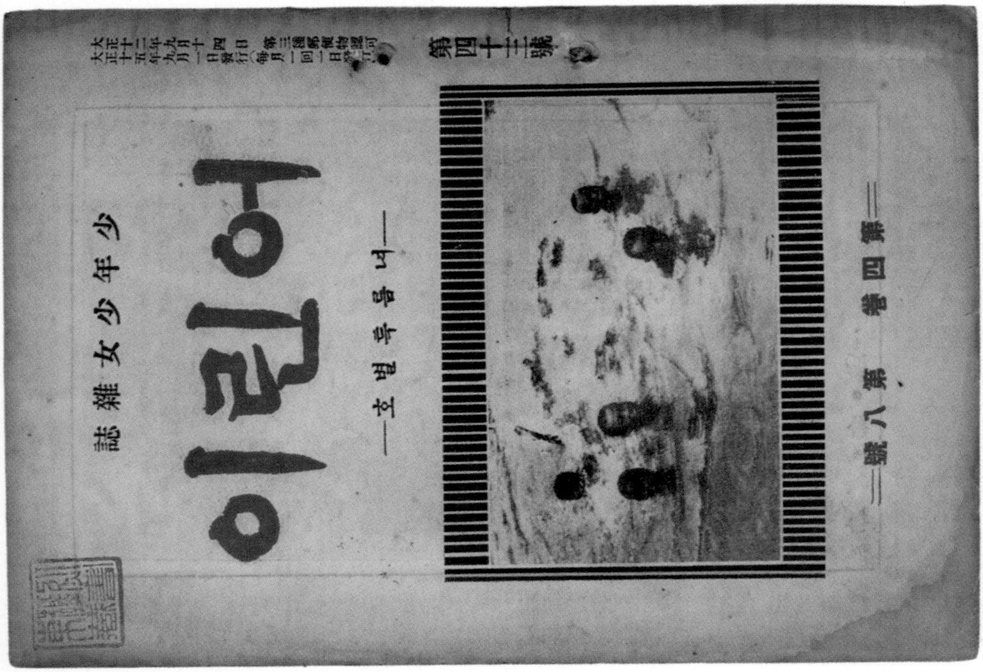
少年少女雜誌
어린이
第四十三號
第四卷 第八號

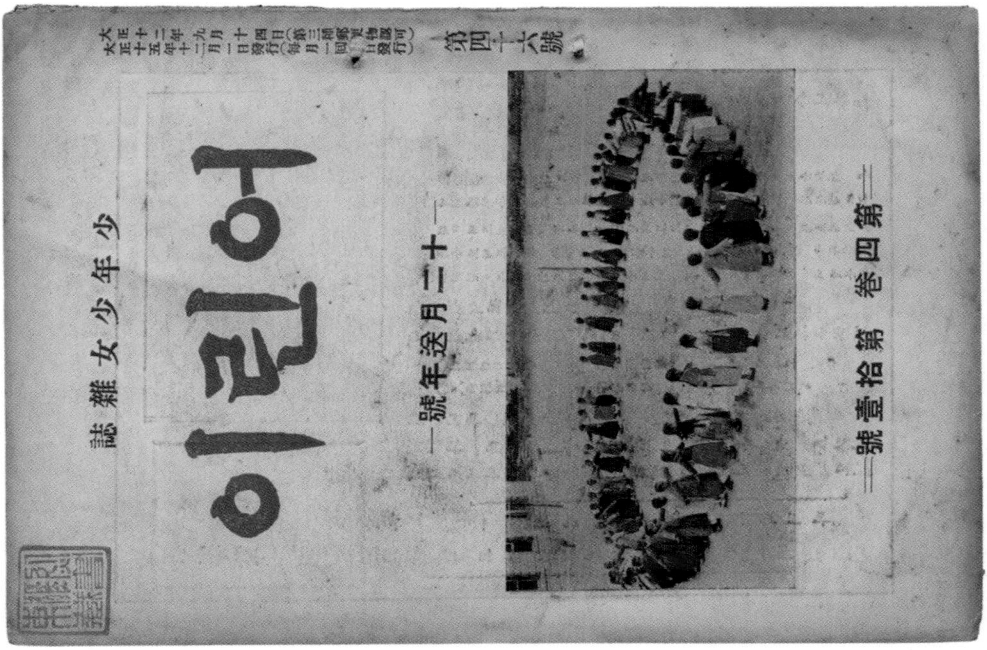
少年少女雜誌
어린이
十二月送年號
第四卷 第拾壹號
第四十六號

少年少女雜誌
어린이
特輯童話號
第四卷 第拾號
第四十五號

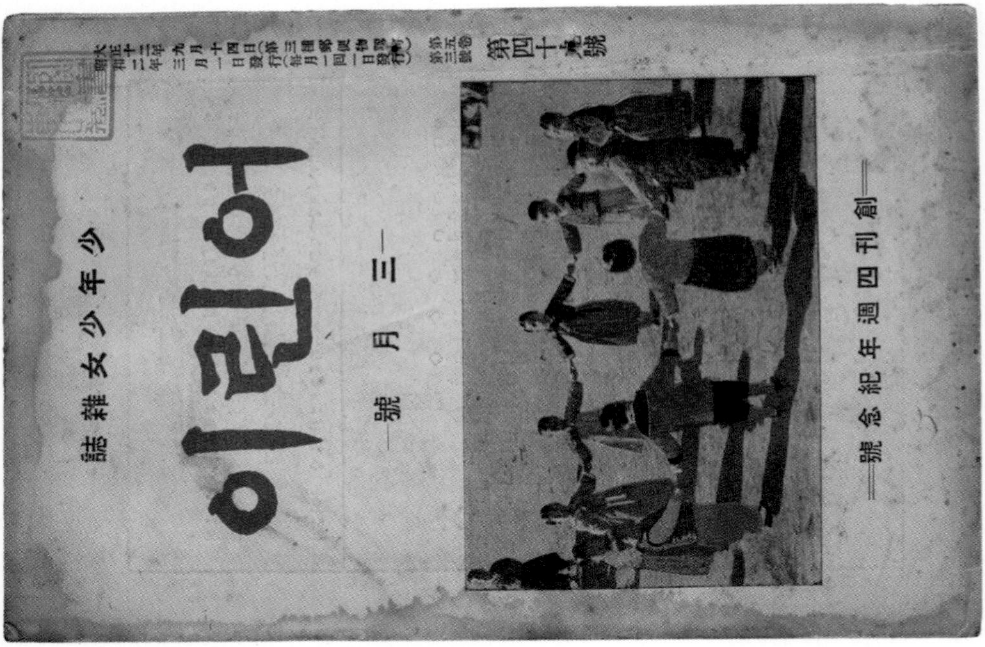
少年少女雜誌
어린이
三月號
創刊四週年紀念號

少年少女雜誌
어린이
二月號
第四十八號
第五卷 第貳號

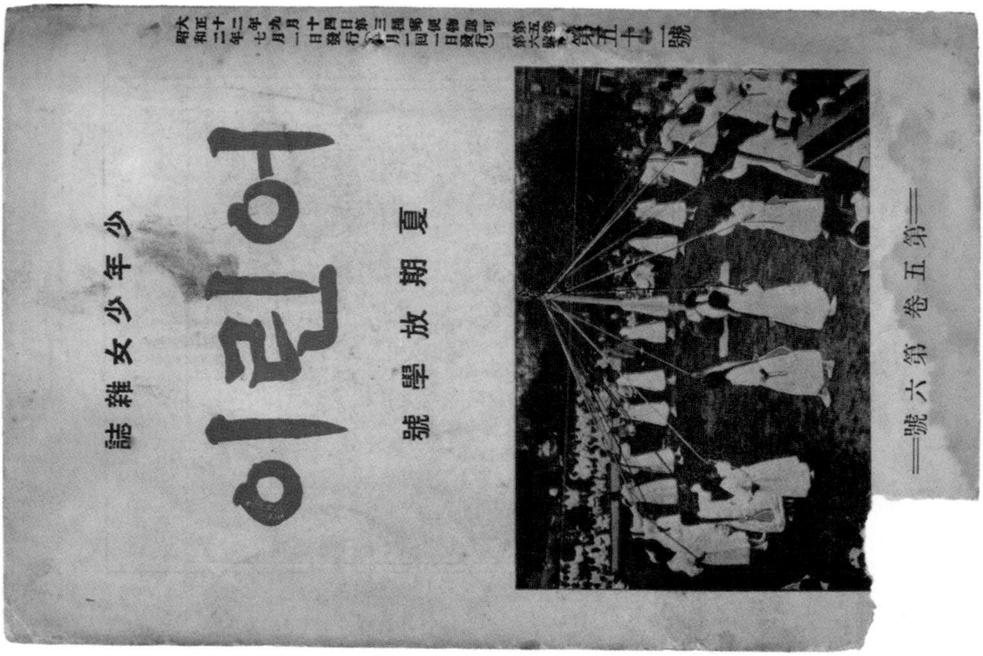
少年少女雜誌
어린이
夏期放學號
第五卷第六號

少年少女雜誌
어린이
五六月號
第五卷第五號
第五十一號

少年少女雜誌
어린이
創刊六週年紀念號
第七卷 第三號
通卷第六拾四號

少年少女雜誌
어린이
二月號
通卷第六拾三號

少年少女雜誌
어린이
六月號
第七卷第五號

少年少女雜誌
어린이
第七卷第四號
어린이날노래
(어린이날광경)

어린이
九月特輯號

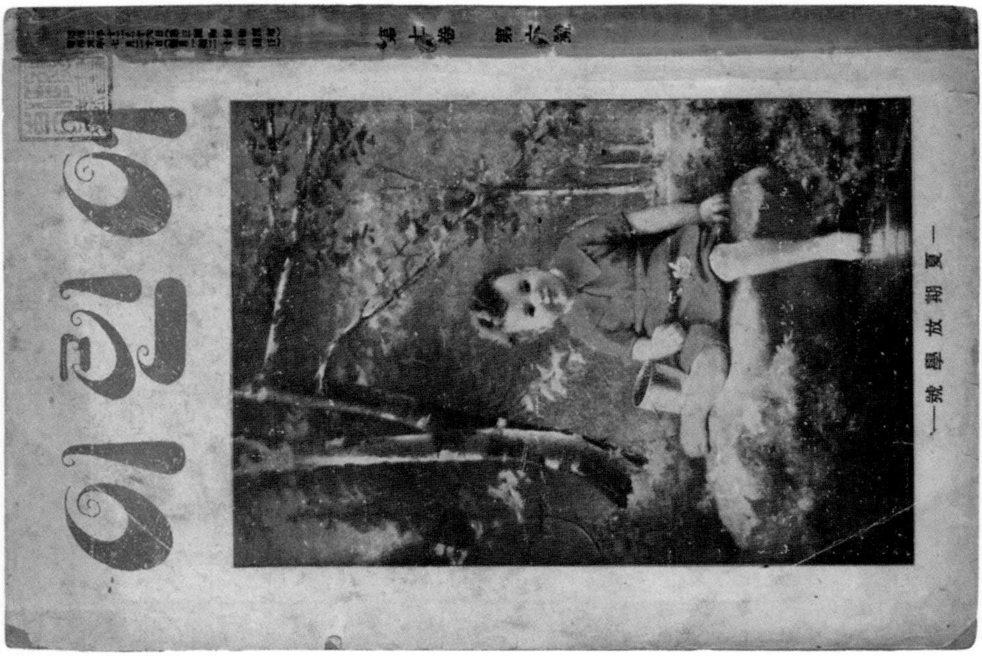
어린이
夏期放學號

少年少女雜誌
어린이
第七卷 第九號
十二月送年號

어린이
第七卷 第八號
—가을特別號—

어린이
第八卷 第四號
봄마지 特輯號

少年少女雜誌
어린이
第八卷 第二號

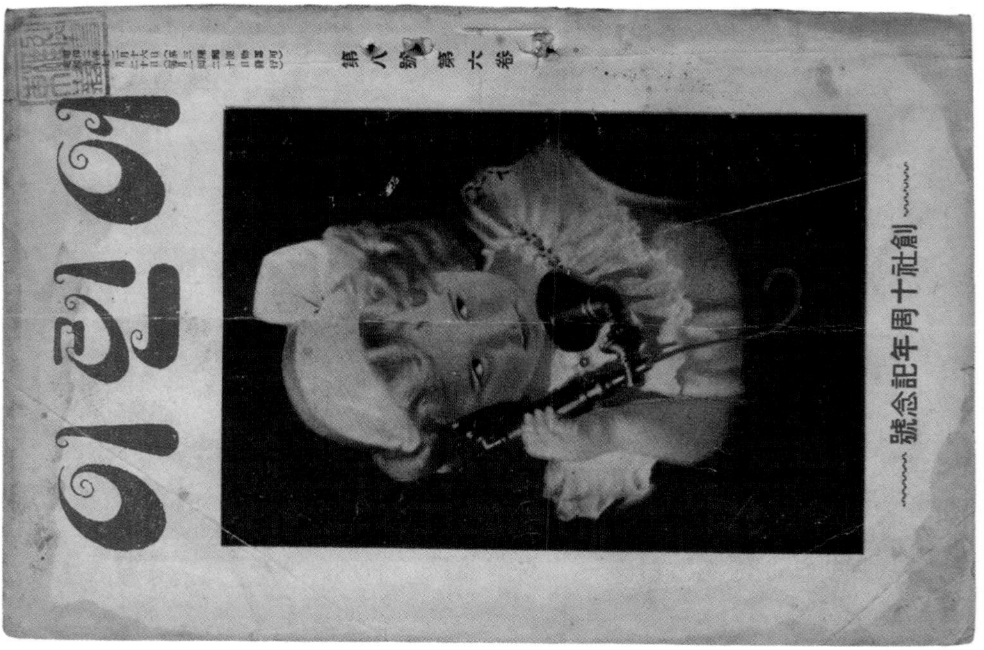
어린이
第八卷第六號
創社十周年記念號

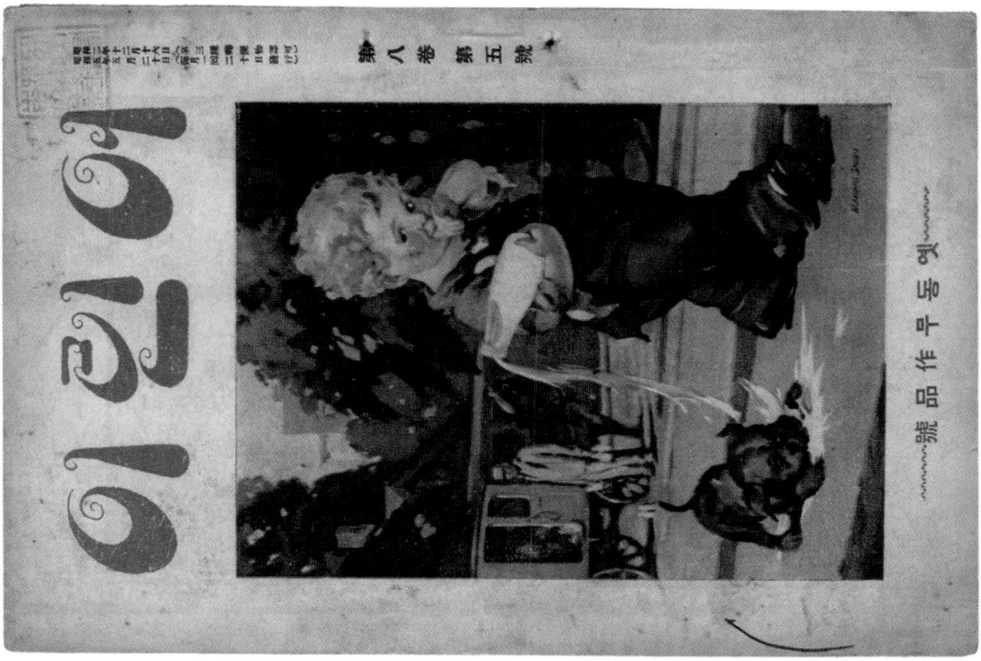
어린이
第八卷第五號
옛동무作品號

少年少女雜誌
어린이
第八卷第八號
拾月大特輯
가을特別號

어린이
第八卷第七號
九月新秋特輯號

어린이
第八卷 第拾號
庚午送年號

少年少女雜誌
어린이
拾壹月特輯號
第八卷 第九號

어린이
第九卷 第五號
新綠特輯號

少年少女雜誌
어린이
第九卷 第二號
二月特輯號

少年少女雜誌
어린이
第九卷 第八號
新秋九月特輯號

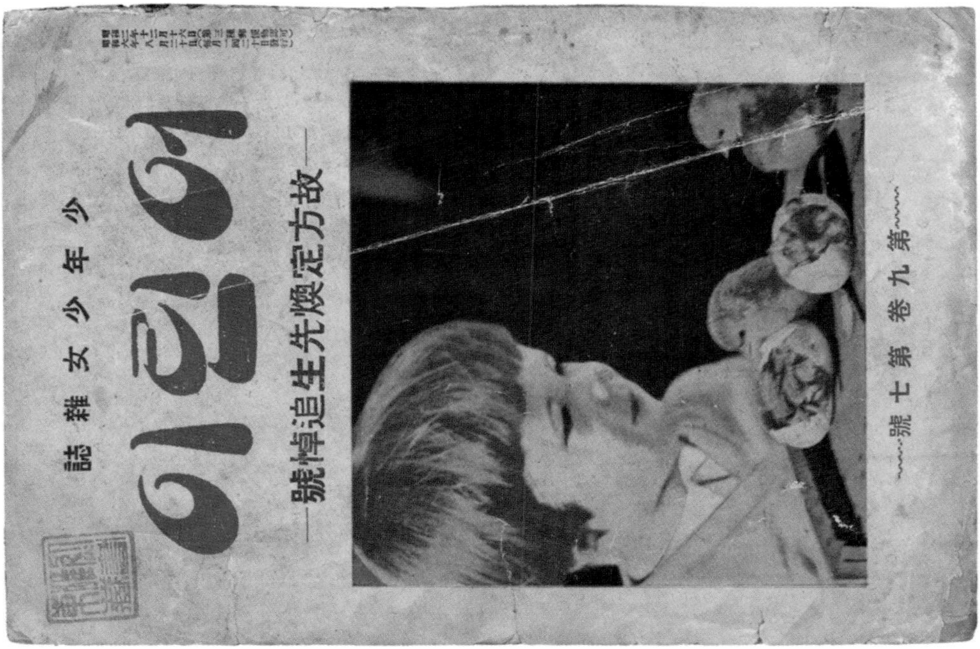
少年少女雜誌
어린이
故方定煥先生追悼號
第九卷 第七號

어린이
5月號

어린이
第九卷 第十一號

어린이
第十卷 第七號
七月號

어린이
第十卷 第六號
6月
少年生活戰線特輯號

어린이
第十卷 第九號
100号紀念号

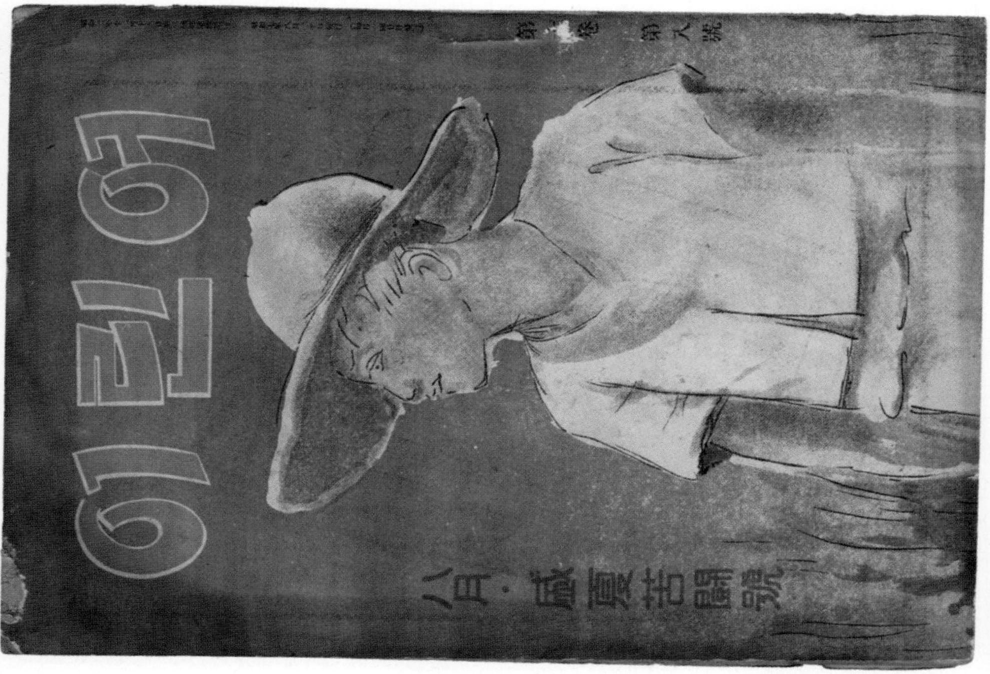
어린이
八月·盛夏苦鬪號

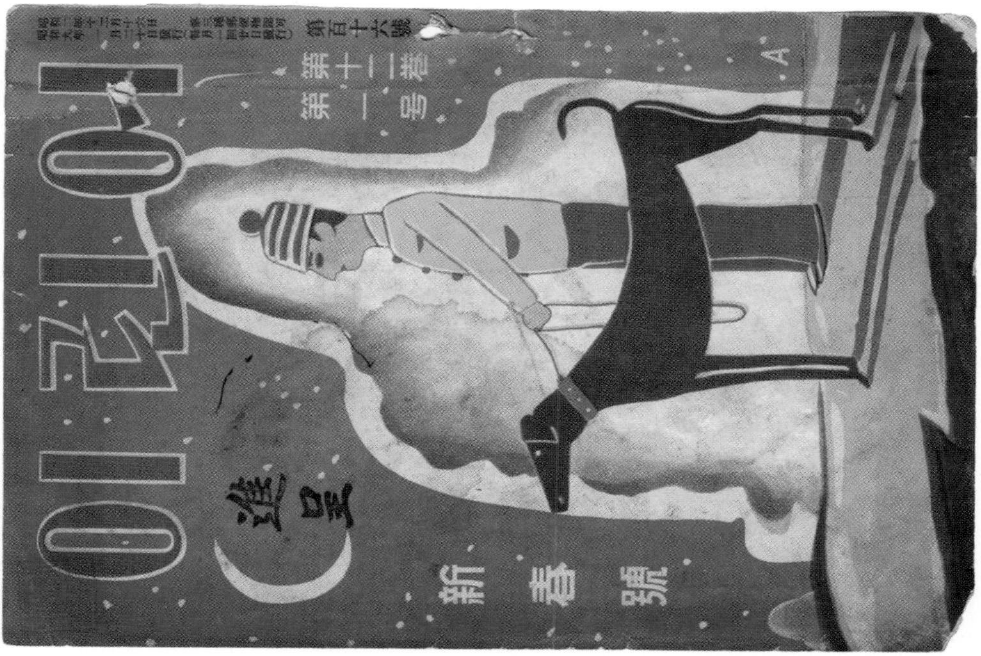
어린이
第十二卷
第一号
第百十六號
新春號

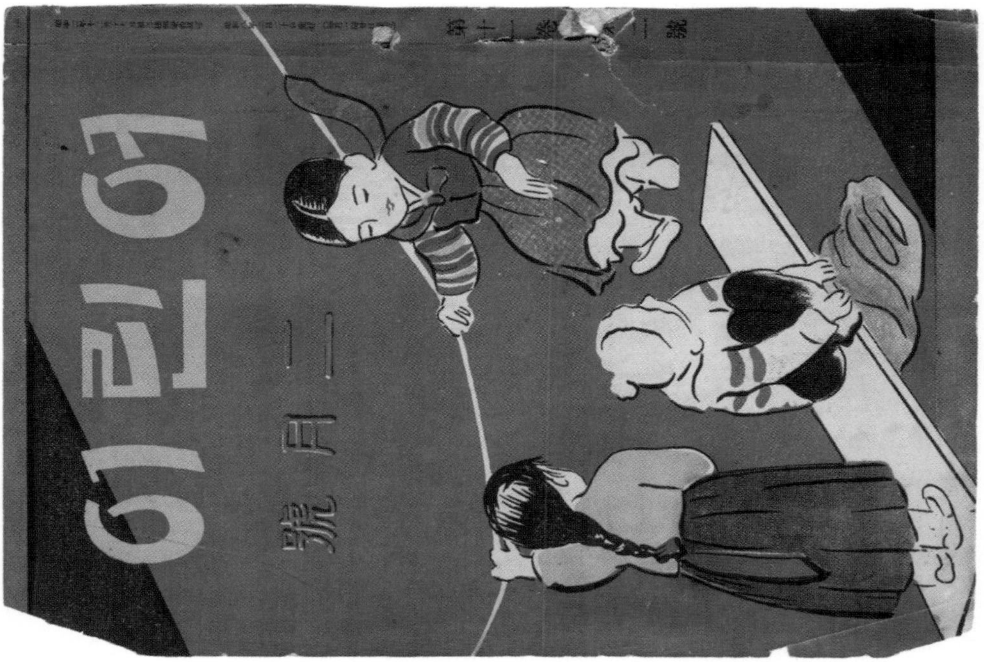
어린이
三月號

어린이
6월호
124호

어린이
第十二卷
第二号
二月號

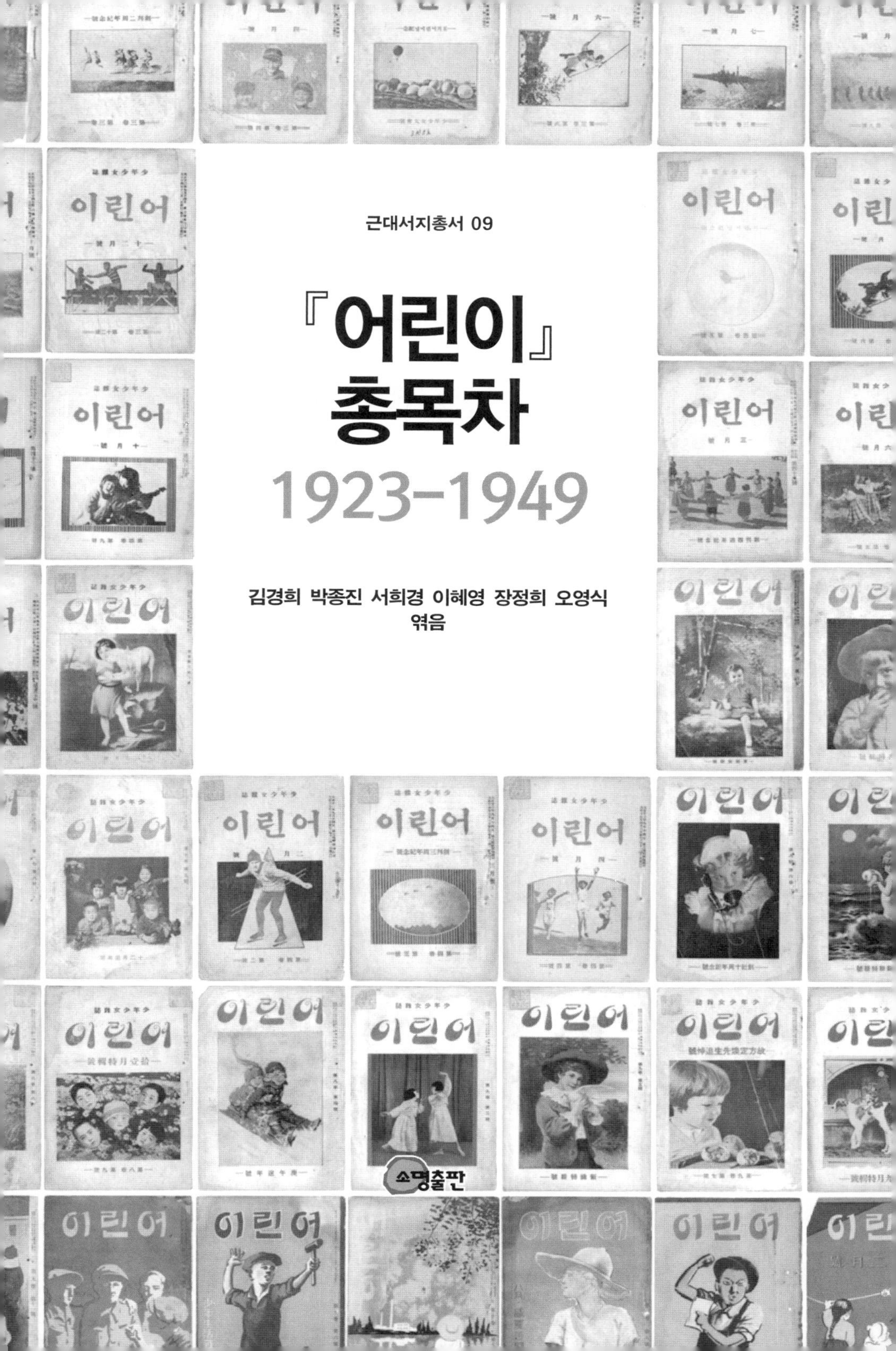

근대서지총서 09

『어린이』 총목차 1923-1949

김경희 박종진 서희경 이혜영 장정희 오영식
엮음

소명출판

간행사 / 『『어린이』 총목차 1923-1949』를 내며

한국 아동문학의 보물창고인 개벽사 발행 『어린이』의 총목차집을 이제서야 엮어낸다. 굳이 '이제서야'라고 표현한 데에는 몇 가지 이유가 있을 것이다. 그러나 뭐니뭐니 해도 가장 큰 이유는 『어린이』 전체를 모두 확보할 수 없었기 때문이었을 것이다.

1923년 3월 창간된 『어린이』는 일제의 혹독한 검열을 견뎌내며 1935년 3월까지 모두 122책이 발행되었고, 해방 이후 1948년 5월에 123호로 속간되어 1949년 12월호에 이르기까지 137호가 발행되었다. 1923년 3월부터 1949년 12월에 이르기까지 발행된 통권 137호는 백년을 훌쩍 넘긴 한국잡지역사 가운데 일부의 특수한 잡지를 제외하고는 가장 장수한 잡지라 할 수 있을 것이다.

한국학에 대한 관심이 높아진 1970년대 여러 잡지들이 영인·복간될 때 『어린이』도 도서출판 보성사에서 1976년 9월 영인본이 나오고 이듬해 재판까지 발행했는데 당시 사계(斯界) 전문가들의 장서를 모두 모아 출판한 것이 총 102책뿐이었다. 특히 일제강점기에 발행된 122책의 경우 88책만을 갖춘 상태였다. 이후 연구자들은 이 영인본을 텍스트로 삼을 수밖에 없었기에 결국 이 땅의 『어린이』 연구는 70%의 자료만을 갖춘 채 진행될 수밖에 없었다.

한국의 아동문학을 연구하기 위해서는 반드시 살펴봐야 할 『어린이』가 이런 상태로 수십 년간 방기(放棄)되어 오다가 그야말로 은인을 만나 2015년에

비로소 부활하게 되었다. 개벽사 출판부의 이른바 팔방미인이었던 청오 차상찬 선생의 유족이 가장(家藏)해오던 『어린이』 120여 책이 근대서지학회 김현식(대일광업 대표) 회원을 만나 되살아나게 된 것이다.

근대서지학회는 소장자인 김 대표의 전폭적인 도움을 받아 기존 영인본에 누락되어 있던 『어린이』 28책을 새롭게 영인하여 『미공개 어린이』란 제목으로 소명출판에서 간행하였으며, 그것을 바탕으로 근대서지학회의 제5회 학술대회를 기획하게 되었고 이참에 학술대회 발표자들과 의논하여 『어린이』의 총목차집을 내게 되었다.

굳이 한 가지 이유를 더 든다면 그것은 요즈음 학계의 연구경향과 관련된 것이다. 필요한 자료를 손으로 직접 베끼거나 학교 앞 문방구에서 복사하던 때는 이미 호랑이 담배 먹던 시절의 이야기가 되었다. 인터넷시대라는 요즘은 수단과 방법을 가리지 않고 손쉽게 해결한 뒤 새로운 것을 찾아서 빨리 빨리 떠나가는 시대가 되었다. 책상에 틀어박혀 앉아 책장을 하나하나 넘기며 목차를 작성하는 작업은 그야말로 '한심한 짓'으로들 여기고 있다.

1976년 보성사에서 첫 영인본이 나온 뒤 40년이 지났다. 그간 숱한 연구자들이 『어린이』를 연구해왔으나 목차집은 나오지 않았다. 그 이유는 필요가 없어서였을까? 그렇지는 않을 것이다. 후학들을 위해서라도 누군가는 해야 할 일임에는 틀림없었으나 모두들 『어린이』를 이용만 하고는 총총히 떠나갔던 것이다.

우공이산(愚公移山)이란 말이 있다. 뚜벅뚜벅 황소걸음으로 가야 길이 닦여진다고 한다. 소명출판의 후의(厚意)로 『어린이』 50여 책의 표지를 원색 화보로 보여줄 수 있게 된 것도 70년대 영인본의 부족한 부분을 채우는 이 자료집의 특징이라 할 수 있겠다. 그런 점에서 이번 목차집을 계기로 『어린이』 연구가 새롭게 출발하기를 기원한다. 그럴 수 있을 만큼 이 목차집이 폭넓게 활용되기를 진심으로 바란다.

김경희, 박종진, 서희경, 이혜영, 장정희 선생님. 평소 서지작업에 익숙지 않았던 이 다섯 분들의 특별한 노고가 없었다면 이번 작업은 불가능했을 것이다. 『미공개 어린이』 영인본을 내면서, 학술대회를 준비하면서 우격다짐으로 목차 정리를 부탁드려 놓고서는 다 된 밥상에 숟가락을 얹은 것 같아 송구한 마음 감출 수 없다. 이 목록집을 '근대서지총서 09번'으로 내는 기쁨을 미공개 자료를 제공해준 김현식 대표와 수고를 아끼지 않은 소명출판의 모든 분들과 함께 하고 싶다.

오영식(『근대서지』 편집장)

『어린이』(1923-1949) 서지 일람

장정희(경희대 교수) 작성

	발행권호	통권	발행일	판형	분량	가격	편집겸발행인 (발행소)	인쇄인 (인쇄소)
1	제1권 제1호	1호	1923.3.20.	4·6배판	12면	5전	·	·
2	제1권 제2호	2호	1923.4.1.	4·6배판	12면	5전	김옥빈 (개벽사)	정기현 (대동인쇄주식회사)
3	제1권 제3호	3호	1923.4.23.	4·6배판	12면	5전	·	·
4	제1권 제8호 전선소년지도자대회 기념호	8호	1923.9.15.	4·6판	41면	10전	김옥빈 (개벽사)	정기현 (신문관)
5	제1권 제9호	9호	1923.10.15.	4·6판	24면	5전	김옥빈 (개벽사)	정기현 (대동인쇄주식회사)
6	제1권 제10호	10호	1923.11.15.	4·6판	44면	10전	김옥빈 (개벽사)	정기현 (대동인쇄주식회사)
7	제1권 제11호 계해연말호	11호	1923.12.23.	4·6판	24면	5전	김옥빈 (개벽사)	정기현 (신생활사인쇄부)
8	제2권 제1호 신년특별호	12호	1924.1.3.	4·6판	40면	10전	김옥빈 (개벽사)	정기현 (대동인쇄주식회사)
9	제2권 제2호	13호	1924.2.13.	4·6판	40면	10전	김옥빈 (개벽사)	정기현 (대동인쇄주식회사)
10	제2권 제3호 창간1주년기념호	14호	1924.3.13.	4·6판	40면	10전	김옥빈 (개벽사)	정기현 (대동인쇄주식회사)
11	제2권 제4호	15호	1924.4.18.	4·6판	48면	10전	김옥빈 (개벽사)	정기현 (대동인쇄주식회사)
12	제2권 제5호 어린이날축복호	16호	1924.5.11.	4·6판	40면	10전	김옥빈 (개벽사)	정기현 (대동인쇄주식회사)
13	제2권 제6호	17호	1924.6.10.	4·6판	44면	10전	김옥빈 (개벽사)	정기현 (대동인쇄주식회사)
14	제2권 제7호	18호	1924.7.10.	4·6판	44면	10전	김옥빈 (개벽사)	민영순 (대동인쇄주식회사)
15	제2권 제8호	19호	1924.8.7.	4·6판	48면	10전	김옥빈 (개벽사)	민영순 (대동인쇄주식회사)
16	제2권 제9호	20호	1924.9.6.	4·6판	44면	10전	김옥빈 (개벽사)	민영순 (대동인쇄주식회사)

	발행권호	통권	발행일	판형	분량	가격	편집겸발행인 (발행소)	인쇄인 (인쇄소)
17	제2권 제10호 가을특별호	21호	1924.10.11.	4·6판	46면	10전	김옥빈 (개벽사)	민영순 (대동인쇄주식회사)
18	제2권 제11호	22호	1924.11.9.	4·6판	48면	10전	김옥빈 (개벽사)	민영순 (대동인쇄주식회사)
19	제2권 제12호	23호	1924.12.11.	4·6판	44면	10전	김옥빈 (개벽사)	민영순 (대동인쇄주식회사)
20	제3권 제1호	24호	1925.1.1.	4·6판	49면	10전	김옥빈 (개벽사)	민영순 (대동인쇄주식회사)
21	제3권 제2호	25호	1925.2.1.	4·6판	48면	10전	김옥빈 (개벽사)	민영순 (대동인쇄주식회사)
22	제3권 제3호 창간2주년기념호	26호	1925.3.1.	4·6판	52면	10전	김옥빈 (개벽사)	민영순 (대동인쇄주식회사)
23	제3권 제4호	27호	1925.4.1.	4·6판	48면	10전	김옥빈 (개벽사)	민영순 (대동인쇄주식회사)
24	제3권 제5호 소년소녀대회호	28호	1925.5.1.	4·6판	48면	10전	김옥빈 (개벽사)	민영순 (대동인쇄주식회사)
25	제3권 제6호	29호	1925.6.1.	4·6판	48면	10전	김옥빈 (개벽사)	민영순 (授恩인쇄소)
26	제3권 제7호	30호	1925.7.1.	4·6판	48면	10전	김옥빈 (개벽사)	민영순 (授恩인쇄소)
27	제3권 제8호	31호	1925.8.1.	4·6판	48면	10전	방정환 (개벽사)	민영순 (海英舍인쇄소)
28	제3권 제9호	32호	1925.9.1.	4·6판	72면	15전	방정환 (개벽사)	민영순 (海英舍인쇄소)
29	제3권 제10호 가을특별호	33호	1925.10.1.	4·6판	72면	15전	방정환 (개벽사)	민영순 (海英舍인쇄소)
30	제3권 제11호	34호	1925.11.1.	4·6판	70면	15전	방정환 (개벽사)	민영순 (海英舍인쇄소)
31	제3권 제12호	35호	1925.12.1.	4·6판	68면	15전	방정환 (개벽사)	민영순 (海英舍인쇄소)
32	제4권 제1호 병인신년호	36호	1926.1.1.	4·6판	64면	15전	방정환 (개벽사)	민영순 (海英舍인쇄소)
33	제4권 재판 2호	37호	1926.2.1.	4·6판	68면	15전	방정환 (개벽사)	민영순 (海英舍)

	발행권호	통권	발행일	판형	분량	가격	편집겸발행인 (발행소)	인쇄인 (인쇄소)
34	제4권 제3호 창간3주년기념호	38호	1926.3.1.	4·6판	68면	15전	방정환 (개벽사)	민영순 (한성도서주식회사)
35	제4권 제4호	39호	1926.4.10.	4·6판	68면	15전	방정환 (개벽사)	민영순 (한성도서주식회사)
36	제4권 제5호 어린이날기념호	40호	1926.5.1.	4·6판	68면	15전	방정환 (개벽사)	민영순 (한성도서주식회사)
37	제4권 제6호	41호	1926.6.9.	4·6판	70면	15전	방정환 (개벽사)	민영순 (한성도서주식회사)
38	제4권 제7호	42호	1926.7.30.	4·6판	70면	15전	방정환 (개벽사)	민영순 (대동인쇄주식회사)
39	제4권 제8호 여름특별호	43호	1926.9.1.	4·6판	68면	15전	방정환 (개벽사)	민영순 (대동인쇄주식회사)
40	제4권 제9호 10월호	44호	1926.10.1.	4·6판	68면	15전	방정환 (개벽사)	민영순 (조선인쇄주식회사)
41	제4권 제10호 특집동화호	45호	1926.11.15.	4·6판	72면	15전	방정환 (개벽사)	민영순 (조선인쇄주식회사)
42	제4권 제11호 12월송년호	46호	1926.12.10.	4·6판	72면	15전	방정환 (개벽사)	민영순 (조선인쇄주식회사)
43	제5권 제1호	47호	1927.1.1.	4·6판	64면	15전	방정환 (개벽사)	민영순 (조선인쇄주식회사)
44	제5권 제2호	48호	1927.2.1.	4·6판	64면	15전	방정환 (개벽사)	민영순 (조선인쇄주식회사)
45	제5권 제3호 창간4주년기념호	49호	1927.3.1.	4·6판	64면	15전	방정환 (개벽사)	민영순 (조선인쇄주식회사)
46	제5권 제4호 봄마지호	50호	1927.4.1.	4·6판	66면	15전	방정환 (개벽사)	민영순 (조선인쇄주식회사)
47	제5권 제5호 5·6월호	51호	1927.6.1.	4·6판	72면	15전	방정환 (개벽사)	민영순 (조선인쇄주식회사)
48	제5권 제6호 하기방학호	52호	1927.7.22.	4·6판	72면	15전	방정환 (개벽사)	민영순 (조선인쇄주식회사)
49	제5권 제7호 10월호	53호	1927.10.1.	4·6판	74면	15전	방정환 (개벽사)	민영순 (조선인쇄주식회사)
50	제5권 제8호 12월송년호	54호	1927.12.1.	4·6판	68면	10전	방정환 (개벽사)	민영순 (조선인쇄주식회사)

	발행권호	통권	발행일	판형	분량	가격	편집겸발행인 (발행소)	인쇄인 (인쇄소)
51	제6권 제1호 무진신년호	55호	1928.1.20.	4·6판	70면	10전	방정환 (개벽사)	민영순 (조선인쇄주식회사)
52	제6권 제2호 창간5주년기념호	56호	1928.3.20.	4·6판	68면	10전	방정환 (개벽사)	민영순 (조선인쇄주식회사)
53	제6권 제3호 5·6월호	57호	1928.5.20.	4·6판	68면	10전	방정환 (개벽사)	민영순 (조선인쇄주식회사)
54	제6권 제4호 하기방학호	58호	1928.7.20.	4·6판	68면	10전	방정환 (개벽사)	민영순 (조선인쇄주식회사)
55	제6권 제5호 9월호	59호	1928.9.20.	4·6판	68면	10전	방정환 (개벽사)	민영순 (조선인쇄주식회사)
56	제6권 제6호 세계아동예술전람회 기념특집호	60호	1928.10.20.	4·6판	68면	10전	방정환 (개벽사)	민영순 (조선인쇄주식회사)
57	제6권 제7호 12월송년호	61호	1928.12.20.	4·6판	68면	10전	방정환 (개벽사)	민영순 (조선인쇄주식회사)
58	제7권 제1호 신년특별호	62호	1929.1.20.	4·6판	68면	10전	방정환 (개벽사)	민영순 (조선인쇄주식회사)
59	제7권 제2호	63호	1929.2.20.	4·6판	68면	10전	방정환 (개벽사)	민영순 (조선인쇄주식회사)
60	제7권 제3호 창간6주년기념호	64호	1929.3.20.	4·6판	72면	10전	방정환 (개벽사)	민영순 (조선인쇄주식회사)
61	제7권 제4호 어린이날긔렴호	65호	1929.5.10.	4·6판	66면	10전	방정환 (개벽사)	민영순 (조선인쇄주식회사)
62	제7권 제5호 6월호	66호	1929.6.18.	4·6판	70면	10전	방정환 (개벽사)	민영순 (조선인쇄주식회사)
63	제7권 제6호 하기방학호	67호	1929.7.20.	4·6판	68면	10전	방정환 (개벽사)	민영순 (조선인쇄주식회사)
64	제7권 제7호 9월특집호	68호	1929.8.20.	4·6판	70면	10전	방정환 (개벽사)	민영순 (조선인쇄주식회사)
65	제7권 제8호 가을특별호	69호	1929.10.20.	4·6판	70면	10전	방정환 (개벽사)	민영순 (조선인쇄주식회사)
66	제7권 제9호 12월송년호	70호	1929.12.20.	4·6판	68면	10전	방정환 (개벽사)	전순성 (조선인쇄주식회사)
67	제8권 제1호 신년특대호	71호	1930.1.20.	4·6판	72면	10전	방정환 (개벽사)	전순성 (조선인쇄주식회사)

	발행권호	통권	발행일	판형	분량	가격	편집겸발행인 (발행소)	인쇄인 (인쇄소)
68	제8권 제2호	72호	1930.2.20.	4·6판	72면	10전	방정환 (개벽사)	전순성 (조선인쇄주식회사)
69	제8권 제3호 창간7주년기념호	73호	1930.3.20.	4·6판	70면	10전	방정환 (개벽사)	전순성 (조선인쇄주식회사)
70	제8권 제4호 봄마지특집호	74호	1930.4.20.	4·6판	70면	10전	방정환 (개벽사)	전순성 (조선인쇄주식회사)
71	제8권 제5호 옛동무작품호	75호	1930.5.20.	4·6판	70면	10전	방정환 (개벽사)	전순성 (조선인쇄주식회사)
72	제8권 제6호 창사10주년기념호	76호	1930.7.20.	4·6판	70면	10전	방정환 (개벽사)	전순성 (조선인쇄주식회사)
73	제8권 제7호 9월신추특집호	77호	1930.8.20.	4·6판	70면	10전	방정환 (개벽사)	전순성 (조선인쇄주식회사)
74	제8권 제8호 10월대대특집호	78호	1930.9.20.	4·6판	72면	10전	방정환 (개벽사)	전순성 (조선인쇄주식회사)
75	제8권 제9호 11월특집호	79호	1930.11.20.	4·6판	70면	10전	방정환 (개벽사)	전순성 (조선인쇄주식회사)
76	제8권 제10호 경오송년호	80호	1930.12.20.	4·6판	70면	10전	방정환 (개벽사)	전순성 (조선인쇄주식회사)
77	제9권 제1호 신미신년호	81호	1931.1.1.	4·6판	74면	10전	방정환 (개벽사)	전순성 (조선인쇄주식회사)
78	제9권 제2호 2월특집호	82호	1931.2.20.	4·6판	70면	10전	방정환 (개벽사)	전순성 (조선인쇄주식회사)
79	제9권 제3호 창간8주년기념호	83호	1931.3.20.	4·6판	74면	10전	방정환 (개벽사)	전순성 (조선인쇄주식회사)
80	제9권 제4호 어린이날기념호	84호	1931.5.20.	4·6판	70면	10전	방정환 (개벽사)	전순성 (조선인쇄주식회사)
81	제9권 제5호 신록특집호	85호	1931.6.20.	4·6판	74면	10전	방정환 (개벽사)	전순성 (조선인쇄주식회사)
82	제9권 제6호 하기방학특집호	86호	1931.7.20.	4·6판	76면	10전	방정환 (개벽사)	전순성 (조선인쇄주식회사)
83	제9권 제7호 고방정환선생추도호	87호	1931.8.20.	4·6판	72면	10전	이정호 (개벽사)	전순성 (조선인쇄주식회사)
84	제9권 제8호 신추9월특집호	88호	1931.9.12.	4·6판	70면	10전	이정호 (개벽사)	전순성 (조선인쇄주식회사)

	발행권호	통권	발행일	판형	분량	가격	편집겸발행인 (발행소)	인쇄인 (인쇄소)
85	제9권 제9호 10월혁신특집호	89호	1931.10.20.	4·6판	86면	10전	이정호 (개벽사)	전순성 (조선인쇄주식회사)
86	제9권 제10호 독자작품특집호	90호	1931.11.20.	4·6판	86면	10전	이정호 (개벽사)	전순성 (조선인쇄주식회사)
87	제9권 제11호 신미송년특집호	91호	1931.12.20.	4·6판	88면	10전	이정호 (개벽사)	전순성 (조선인쇄주식회사)
88	제10권 제1호 신춘소년문예호	92호	1932.1.20.	국판	72면	10전	이정호 (개벽사)	전순성 (조선인쇄주식회사)
89	제10권 제2호 2월특집호	93호	1932.2.20.	국판	64면	10전	이정호 (개벽사)	전순성 (조선인쇄주식회사)
90	제10권 제3호 창간9주년기념호	94호	1932.3.20.	국판	72면	10전	이정호 (개벽사)	전준성 (주식회사彰文社)
91	제10권 제4호	95호	1932.4.20.	국판	72면	10전	이정호 (개벽사)	전준성 (주식회사彰文社)
92	제10권 제5호	96호	1932.5.20.	국판	72면	10전	이정호 (개벽사)	전준성 (주식회사彰文社)
93	제10권 제6호 소년생활전선특집호	97호	1932.6.20.	국판	70면	10전	이정호 (개벽사)	전준성 (주식회사彰文社)
94	제10권 제7호	98호	1932.7.20.	국판	72면	10전	이정호 (개벽사)	전준성 (주식회사彰文社)
95	제10권 제8호 성하고투호 (盛夏苦鬪號)	99호	1932.8.20.	국판	68면	10전	이정호 (개벽사)	전준성 (주식회사彰文社)
96	제10권 제9호 100호임시호	100호	1932.9.20.	국판	70면	10전	이정호 (개벽사)	전준성 (주식회사彰文社)
97	제10권 제10호	101호	1932.10.20.	국판	68면	10전	이정호 (개벽사)	전준성 (주식회사彰文社)
98	제10권 제11호	102호	1932.11.20.	국판	68면	10전	이정호 (개벽사)	전준성 (주식회사彰文社)
99	제10권 제12호	103호	1932.12.20.	국판	68면	10전	이정호 (개벽사)	전준성 (주식회사彰文社)
100	제11권 제2호	105호	1933.2.20.	국판	68면	10전	이정호 (개벽사)	전준성 (주식회사彰文社)
101	제11권 제3호 창간10주년기념호	106호	1933.3.20.	국판	68면	10전	이정호 (개벽사)	전준성 (주식회사彰文社)

	발행권호	통권	발행일	판형	분량	가격	편집겸발행인 (발행소)	인쇄인 (인쇄소)
102	제11권 제5호	108호	1933.5.20.	국판	66면	10전	이정호 (개벽사)	전준성 (주식회사彰文社)
103	제11권 제6호	109호	1933.6.20.	국판	68면	10전	이정호 (개벽사)	전준성 (주식회사彰文社)
104	제11권 제7호	110호	1933.7.20.	국판	72면	10전	이정호 (개벽사)	전준성 (주식회사彰文社)
105	제11권 제8호	111호	1933.8.20.	국판	72면	10전	이정호 (개벽사)	전준성 (주식회사彰文社)
106	제11권 제9호 초가을호	112호	1933.9.20.	국판	72면	10전	이정호 (개벽사)	전준성 (주식회사彰文社)
107	제11권 제10호 편지특집호	113호	1933.10.20.	국판	72면	10전	이정호 (개벽사)	전준성 (주식회사彰文社)
108	제11권 제11호	114호	1933.11.20.	국판	72면	10전	이정호 (개벽사)	전준성 (주식회사彰文社)
109	제11권 제12호 도깨비특집호	115호	1933.12.20.	국판	72면	10전	이정호 (개벽사)	전준성 (주식회사彰文社)
110	제12권 제1호 신춘호	116호	1934.1.20.	국판	72면	10전	이정호 (개벽사)	전준성 (창문사)
111	제12권 제2호	117호	1934.2.20.	국판	72면	10전	이정호 (개벽사)	전준성 (창문사)
112	제2권 제3호 창간11주년기념호	118호	1934.3.20.	국판	72면	10전	이정호 (개벽사)	전준성 (창문사)
113	제12권 제4호 봄마지호	119호	1934.4.20.	국판	72면	10전	이정호 (개벽사)	전준성 (창문사)
114	제12권 제5호	120호	1934.5.20.	국판	72면	10전	이정호 (개벽사)	전준성 (창문사)
115	제12권 제6호 동요특집호	121호	1934.6.20.	국판	70면	10전	이정호 (개벽사)	전준성 (창문사)
116	제13권 제1호 속간기념호	122호	1935.3.1.	국판	76면	10전	이정호 (개벽사)	전준성 (창문사)
117	123호 복간 5월호	123호	1948.5.5.	4·6판	61면	80원	발행인 이응진 편집인 고한승 (주식회사 개벽사)	김용남 (보성사)
118	124호 6월호	124호	1948.6.5.	4·6판	61면	80원	발행인 이응진 편집인 고한승 (주식회사 개벽사)	김용남 (보성사)

	발행권호	통권	발행일	판형	분량	가격	편집겸발행인 (발행소)	인쇄인 (인쇄소)
119	125호 7·8월호	125호	1948.8.5.	4·6판	64면	80원	발행인 이응진 편집인 고한승 (주식회사 개벽사)	김용남 (보성사)
120	127호 10월호	127호	1948.10.5.	4·6판	66면	80원	발행인 이응진 편집인 고한승 (주식회사 개벽사)	김용남 (보성사)
121	128호 11월호	128호	1948.11.5.	4·6판	66면	80원	발행인 이응진 편집인 고한승 (주식회사 개벽사)	김용남 (보성사)
122	129호 12월호	129호	1948.12.5.	4·6판	67면	80원	발행인 이응진 편집인 고한승 (주식회사 개벽사)	김용남 (보성사)
123	130호 1·2월호	130호	1949.2.5.	4·6판	67면	80원	발행인 이응진 편집인 고한승 (주식회사개벽사)	김용남 (보성사)
124	131호 3월호	131호	1949.3.5.	4·6판	67면	80원	발행인 이응진 편집인 고한승 (주식회사개벽사)	김용남 (보성사)
125	132호 4월호	132호	1949.4.5.	4·6판	67면	80원	발행인 이응진 (주식회사개벽사)	김용남 (보성사)
126	133호 5월호 입학시험준비특집	133호	1949.5.5.	4·6판	90면	100원	발행인 이응진 (주식회사 개벽사)	김용남 (보성사)
127	134호 6월호	134호	1949.6.5.	4·6판	91면	100원	발행인 이응진 (주식회사 개벽사)	김용남 (보성사)
128	135호 7월호	135호	1949.7.1.	4·6판	91면	100원	발행인 이응진 (주식회사 개벽사)	김용남 (보성사)
129	136호 10월호	136호	1949.10.1.	4·6판	91면	100원	발행인 이응진 (주식회사 개벽사)	김용남 (보성사)
130	137호 12월호	137호	1949.12.1.	4·6판	91면	100원	발행인 이응진 (주식회사 개벽사)	김용남 (보성사)

일러두기

1. 목록 작업의 텍스트와 범위
   (1)『어린이』1~10, 보성사, 1976.9.30.
   (2)『미공개 어린이』1~4, 소명출판, 2015.11.10.
      해방 전 :『어린이』창간호(1923.3)~속간호(1935.3) 총 122책 중 116책
      해방 後 : 복간『어린이』123호(1948.5)~137호(1949.12) 총 15책 중 14책

2. 서지사항에 대하여
   (1) 판형
      창간호~7호: 신문 형태의 4·6배판(4호~7호 미확인)
      8호~91호: 4·6판
      92호~122호: 국판
      123호~137호: 4·6판
   (2) 발행소, 발행인과 편집인
      발행소는 137책 모두 개벽사(開闢社)이다.
      편집겸발행인은 김옥빈(1호~), 방정환(31호~), 이정호(87호~), 복간호는 발행인 이응진, 편집인 고한승 체제(123호~137호)였다.
   (3) 인쇄소, 인쇄인
      인쇄소는 대동인쇄주식회사(1호~)→신문관(?~8호)→대동인쇄주식회사(9호~)→수은인쇄소(29호~)→해영사인쇄소(31호~)→한성도서주식회사(38호~)→대동인쇄주식회사(42호~)→조선인쇄주식회사(44호~)→창문사(94호~)→보성사(123호~137)
      인쇄인은 정기현(1호~), 민영순(18호~), 전준성(70호~), 김용남(123호~137)

3. 『어린이』에 수록된 표지, 화보, 아동문학, 각종 독물, 광고, 현상, 알림(예고, 특고, 社告, 謝告), 신간소개 등을 총망라하였다. 단, 일반 상품 광고는 제외하였다.(예 : 노-신, 치마분, 노도 안약 등)

4. 목록 작성의 기준
   - 발행일은 판권지에 기재된 내용을 우선한다.
   - 표기법은 가능한 원문을 살리는 것을 기본으로 삼되 띄어쓰기는 현행 문법 체계로 한다.
   - 어두자음군 ㅼ, ㅺ, ㅽ은 현대국어의 된소리 ㄸ, ㄲ, ㅃ로 표기한다.
   - 글의 종류 및 장르는 잡지 본문에 표현된 명칭을 우선적으로 고려한다.
   - 본문에 글의 종류가 명기되지 않았을 경우 목차 내용을 참고로 활용한다.
   - 제목이 없는 글, 사진, 그림은 임시 제목을 부여하고 대신 괄호 처리한다.
   - 편집후기, 담화실, 깔깔소학교, 현상 등 성격이 확연한 글은 별도 장르명을 부연하지 않는다.
   - 잡지의 면수는 편집후기까지를 본문으로 간주하여 계산한다.
   - 한자 표기는 가급적 피하고 한글로 기록한다.
   - 인물사진에 국한하여 '寫眞'이라 밝힌다.

5. 부록『어린이세상』의 경우 잡지 목차에 소개된 경우 목록을 작성하였다.

6. 50여 책의 표지 이미지를 원색화보로 수록하였다. 단, 새로 영인되어 나온 미공개 28책은 제외하였다.

차례

간행사 /오영식 — 3

『어린이』 서지 일람 /장정희 — 6

일러두기 — 14

『어린이』 총목차 1923~1949 — 17

글쓴이 색인 — 160

『어린이』 총목차 1923~1949

글 종류	글쓴이	제목	쪽

제1권 제1호 창간호, 1923.3.20.

		처음에	1
	이정호	『어린이』를 발행하는 오늘까지 우리는 이러케 지냇습니다	1
명작동화	안더-슨 / 소파	석냥파리 소녀	2~3
(이소프 일화)		거러가십시요	3
세계소년		눈오는북쪽나라아라사의어린이-제비와가티날아다닌다	4
새소식		톡기의 귀	5
동화극	소파	노래주머니1(1막 3장)	6~7
	ㅈㅎ생	향내조코 빗고흔 사랑의 꽃 『하-신트』의 이약이	8
신유희		떠듬거리	8
동요	우촌(雨村)	파랑새	9
동요	버들쇠	봄이 오면	9
		길 가다가, 각 지방의 소년회 소식	9
불란서 동화	몽중인	작난군의 귀신	10~11
		재미잇는 현상문제	11
	어린이 편즙실	남은 잉크, 현상글뽑기, 담화실, 예고, 사고(謝告)	12
광고		축 창간 개벽사, 천도교청년회	13-14

제1권 제2호 통권 2호, 1923.4.1.

		봄소리	1
	이정호	『어린이』가 발행되기까지 이러케 지내여 왓습니다	1
이태리 동화	우촌	노랑 수선꽃	2~3
		어린이회의 밤	3
		발을 밟히고 미안합니다	3
세계소년		불상하면서도 무섭개 커가는 독일의 어린이	4
소녀소품		아버지 생각-순희의 설음	5
동화극	소파	노래주머니2(1막 3장)	6~8
		상연할 때에	8
동요		달	8
		길 가다가	9
		각 지방 소년회 소식	9
그림동화	몽중인	황금거우	10~12
		남은 잉크	12
		현상문제	12

글 종류	글쓴이	제목	쪽

제1권 제3호 통권 3호, 1923.4.23.

		꼿노리	1
	이정호	오늘까지 우리는 이러케 지냇습니다	1
동화	소파	눈 어둔 포수	2~3
		이상한 책 갑, 거짓말 하는 날	3
	운정(雲庭)	귀여운 피	4~5
꼿전설	ㅈㅎ생	물망초 이약이	6
새소식		톡긔의 귀, 각 지방의 소년회 소식, 우습꺼리	7
불상한 이약이	몽견초	영길이의 슯음	8~9
		제비는 당신을 압니다	9
유명한 이약이	고한승	보석속에 공주	10~11
		재미잇는 현상문제	11
		남은 잉크, 현상 글뽑기와 담화실	12

제1권 제8호 통권 8호, 전국소년지도자대회기념호, 1923.9.15.

표지		(어린이와 학생들 사진)	표지
사진		전조선 소년지도자대회의 첫날	
사진	손진태, 윤극영, 정병기, 정순철, 진장섭, 방정환, 고한승, 조재호(寫眞)	소년문제연구〔색동회〕여러분	
권두언		어린이 특별호	1
동화	염원모(寫眞)	일곱 마리 까마귀	2~6
동요	정순철	형제별(악보)	6
	이병두(寫眞)	자연의 대학교-나의 사랑하는 우리 소년 동모들에게	7~8
	이기룡(寫眞)	소년운동의 뜻을 알자	8~9
	이용순(寫眞)	대회에서 돌아와서	10~11
	이용순(寫眞)	씩씩한 소년이 되십시요-그리고 특별히 소년회 업는 곳 여러분께 드리는 말숨	12~15
	기전(寫眞)	수수꺽기 두 마듸	15
동요	김용희(寫眞)	나븨(악보)	16
신유희	박래옥(寫眞)	수건주기	17
동화	이문준	세 가지 소원	18~20
사진	송병덕, 안영경, 정맹일, 정수일(寫眞)	(이 다섯 분 선생의 원고가 편집 기간에 밋치지 못하야)	21
동요	진금성	황금성	22~23
과학설명	정병기	단 이약이 · 짠 이약이	22~24
동요	고한승	엄마 업는 참새(模作)	23~24

글 종류	글쓴이	제목	쪽
	이찬주(寫眞)	원숭이 코	25
지나 아동극	김형섭(寫眞)	음악회	26~28
	김윤결(寫眞)	담배갑	29
		이상한 산술	29
동화	임성록(寫眞)	개금의 덕	30~35
	몽중인	닐혀바린 다리	36~38
광고		가을노리 소년소녀대회	38
		현상 글뽑기, 담화실, 제5회 현상문제 당선 발표	39
		새 현상문제 두 가지!!, 소설 맛치기	40
		미진한 말슴	41 뒷표지(속)
광고		어린이 상회	뒷표지

제1권 제9호 통권 9호, 1923.10.15.

표지		(어린이 3명 사진)	표지
사진	안창남(寫眞)	살아온 안창남씨	표지(속)
동화	몽중인	염소와 늑대	3~7
		긍금해 하시던 정판윤씨	8
	정판윤	(정판윤씨의 편지)	9
사진소설		영호의 사정2	10~14
새지식	삼산인(三山人)	생선알	10~11
알림		미안합니다	11
	소월(笑月)	착한 동무를 소개함니다	12~14
		빈대의 환갑잔치	15
이과 이약이	최인순	가을이 되면 나무닙이 왜 붉어지나	16~17
		지방 소년회 소식	18
		우슴거리	18
역사동화	손진태	고주몽 이약이	19~23
		새 현상문제, 소설 맛치기와 작문, 제6회 현상 당선 발표, 남은 잉크	24(뒷표지)

제1권 제10호 통권 10호, 1923.11.15.

표지		(인형안은어린이 사진)	표지
사진		풍선을 보고 발명한 비행선, 가을 운동회	표지(속)
동요		우는 갈맥이	3
동화	고한승	백일홍이약이	4~8
		뉴-톤 선생의 우슨 이약이	9

글 종류	글쓴이	제목	쪽
	권영희	어린이의 꾀	10~11
	안창남	비행긔는 엇더케 뜨나	12~14, 11
이소프 이약이	ㅈㅎ생	당나귀와 개	15
사진소설		영호의 사정3	16~20
	이호성	어린이들의 운동	16~19
	이순근	고무는 엇더케 맨드나	20
동화극	소파	톡기의 재판	21~28
	몽견초	낙엽지는 날	29~33
역사동화	손진태	류리(類利) 이약이	34~36
반가운 소식		각 지방회 통신	37
뽑힌 글	변귀현	도라가신 어머니	38
뽑힌 글	김찬호	돈	38~39
뽑힌 글	이병관	불상한 동모 업기	39~40
뽑힌 글	한선애	공부하기	39~40
뽑힌 글	김군례	소녀의 모힘	40
뽑힌 글	서천홍	와싱톤	40
뽑힌 글	김수득	어머님 뵙기	40~41
		독자담화실	42
	방정환(寫眞)	제7회 현상선 발표—몽중인은 소파 방정환씨엿습니다	43
		수수꺽기, 소설 맛치기, 어린이의 동모 늘이기, 남은 잉크	44(뒷표지)

제1권 제11호 통권 11호, 계해연말호, 1923.12.23.

표지		(모자 쓴 어린이 책 읽고 서 있는 사진)	표지
사진		전선 축구 경기대회	표지(속)
권두언	소파	어린이 제11호	3
동화	몽중인	요술넉이	4~8
		작은 신기(新奇)	8
이솝프 이약이	ㅈㅎ生	당나귀와 닭과 사자	9
		누구던지 풀기 쉬운 새 현상문제	9
그림 이약이		호랑이의 등	10~11
	권영희	눈은 엇재서 오나	12~16
사진소설		영호의 사정(끗)	12~16
동요	김윤영	(제비제비 초록제비)	16
동요	김금동	(새야새야 파랑새야)	16
신동화	고한승	백일홍 이약이	17~22
		담화실	뒷표지(속)
		제8회 현상 당선 발표, 금년의 마즈막 인사	뒷표지

글 종류	글쓴이	제목	쪽

제2권 제1호 통권 12호, 신년특별호, 1924.1.3.

표지		(외국 어린이가 전화받는 모습)	표지
광고		새해 새힘 새일로 천도교 소년회 外	
그림		즐거운 새해가 왓슴니다	1
		새해 새 희망—새해는 왜 깃븐가	2~3
동화	소파	두더쥐의 혼인	4~8
		이건 참 자미잇고나	9
이소프 이약이	ㅈㅎ生	서울쥐와 시골쥐	10~11
		새해브터는	10~11
		근하신년, 삼가 새해의 큰 복을 축수하나이다	12
동화	몽중인	작은이의 일홈	13~15
		독자담화실	16~18
		3대 현상	19
		제9호 현상 당선 발표, 소설 맛치기 발표	20
		지상신년회	21
동요	윤극영 작요, 작곡	설날	22
동화	황선생	끗업는 이야기	23~26
	안선생	문명의 어머니 발명왕 에듸손 선생 이약이	27~31
그림자놀이		(그림자 놀이 그림)	32~33
동요	김옥순	(영아다니 영아다니)	32
동요	이길록	(달두달두 밝—다—)	32
동요	하청원	(쪽을심어 쪽저고리)	32~33
동요	권일선	(산양가자 산양가자)	33
동요	이규인	(웃녁새야 아랫녁새야)	33
여흥		소년기술(奇術) 두 가지	34~37
아동극		똑갓치 똑것치	38~39
		남은 말슴	40
		호랑이 잡기 노는 법	
근하신년		천도교 평양소년회 外	
광고		문예잡지 금성, 영산방(永山房)은 신구 잡지의 시장, 천도교선 천소년회, 근하신년 조선 프레불 상회, 근하신년 문우당	
근하신년		근하신년 개벽사	뒷표지

제2권 제2호 통권 13호, 1924.2.13.

표지		(인형 3점)	표지
사진		널뛰는 아가씨	표지(속)

글 종류	글쓴이	제목	쪽
동요	윤극영 작곡 / 버들쇠 작요	고드름(악보)	1
동화	소파	선물 아닌 선물	2~5
만화		(칠칠치안은할머니)	6~7
		럼네-선생의 사랑	6~7, 33
이소프 이약이	ㅈㅎ생	금독긔	8
		이건 참 자미 잇고나	9
		에듸손 이약이 말하난 독갑비	10~14
	소파	나그네 잡긔장	10~14
동화	몽중인	작은이의 일홈	15~17
	안선생	긔차를 발명한 스틔분손 선생 이약이	18~22
		각 지방의 소년회 소식	23
동요(입상)	김용진	허잽이	24
동요(입상)	고문규	겨울바람	24
동요(입선)	조덕현	연긔	24
동요(입선)	조병현	비	24
	버들쇠	동요 지시려는 분끠	25~27
동화	류지영 번역	조고만 복상자	28~33
		독자담화실	34~35
		제1회 자유화 당선 발표	36~37
		현상문제	38
		제10회 현상 당선 발표	39
		남은 잉크	40
		설날(악보)	뒷표지(속)
예고		어린이3월호창간1주년기념특별호	뒷표지

제2권 제3호 통권 14호, 창간1주년기념호, 1924.3.13.

표지		(날개 단 두 천사가 두 손 마주잡고)	표지
사진		즐거운 모임	표지(속)
광고		『사랑의 선물』 6판 발매!!, 어린이 창간 1주년 기념으로	
사진		안령하십닛가	1
동화	몽중인	거만한 곰과 꾀발른 여호	2~6
이소프	ㅈㅎ生	파리와 거믜	6
	염상섭	돌상은 방선생님께서 나는 「천자문」 한 자만	7~9
	김기전	어린 때 생각	10~11
사진		(어린이 창간호)	12
동요	박팔양작가 윤극영작곡	까막잡기(악보)	13

글 종류	글쓴이	제목	쪽
노국 동화	김석송	작은새	14~16
동요	김기진작요 정순철작곡	까치야 까치야(악보)	17
	김억	우슴거리 멧마듸	18~19
동화극	김운정	멘아리(한막)	20~24
광고		(『사랑의 선물』이라는 유명한 책이 잇슴니다)	24
	박달성	어린이들이 나에게 무르면	25
		돌 풀이	26~27
동화	변영로	심술구진 왕사람	28~33
이과담	최선생	신긔한 요술	34
		신현상	39
		남은 잉크	40
광고		어린이 창간 1주년 동문서림, 영창상회	뒷표지(속)
광고		신여성3월호	뒷표지

제2권 제4호 통권 15호, 1924.4.18.

표지		(외국 소녀와 소년의 모습)	표지
사진		봄을 보면서(동덕여학교 3학년 송상례)	표지(속)
(권두언)		4월 4월	1
전설동화	강우촌	장재연못	2~7
	안선생	제비와 종달새	8~9
노국 동화	몽중인	더 못난 사람	10~15
이소프	ㅈㅎ生	친한 친구	16
		이건 참 자미잇고나	17
소년소설	잔물	졸업의 날	18~26, 7
이과기술	최선생	종의남비	27
		정신검사	28~29
	소파	나그네 잡긔장	28~29
	김억	책의 설을 이야기	30~31
	억(億)	아바지와 아들과 나귀	30~31
	버들쇠	동요 짓는 법	32~36
		각 지방의 소년회 소식	37
새동화	진장섭	은하수	38~43
		독자담화실	44~45
		상패 현상	46
		현상 발표	47
		남은 잉크	48

글 종류	글쓴이	제목	쪽
광고		『사랑의 선물』	뒷표지(속)
광고		어린이의 날 축복호 특별대부록 5월 1일 발행	뒷표지

제2권 제5호 통권 16호, 어린이날 축복호, 1924.5.11.

표지		(발레복 입은 두 소녀)	표지
동요	윤양모(12세), 윤극영 작곡	봄(악보)	표지(속)
그림		어린이날 축복호	1
동화	이천건(역)	정희의 효성	2~6
		꾀꼬리, 동모를 모아주시면 상패를 보내들입니다	7
동화	장대승	네 장사(壯士) 이약이	8~12
	권정윤	이상한 산술	13
		어린이의 날 오월 초하로가 되면	14~15
동화	박만익	제비의 은공	16~18
동화	이정호	황금 능금	19~22
당선 동요	차복실	번들피리	23
당선 동요	변이현	눈먼 닭	23
당선 동요	동은	비	23
나의 사정1	이성택	고국 꿈	24~25
나의 사정2	김용자	싀집만 아는 어머님	25~26
		현상 문제	27
	김영종	눈꼿 나리는 아참	28
	신고송	밧브든 일주간	28
	양상구	뽀푸라	29
	이태현	눈 오는 밤	29
	안홍윤	봄이 왓다	29
		제2회 자유화 당선 발표	30~31
	소파	사월 금음날 밤	32~36
동화	고한승	나븨와 장사꼿	37~39
		남은 잉크	40
광고	금성사	『금성』 제3호	뒷표지(속)
광고		『사랑의 선물』	뒷표지

제2권 제6호 통권 17호, 1924.6.10.

표지		(남자 아이 셋 사진)	표지
동요		나무닙배	1

글 종류	글쓴이	제목	쪽
동화	피안탑	김도령 송도령	2~7
신기한 이야기	씨-삐-에쓰	이상한 구리돈	8~11
		산에 올나갈 때	11
	삼산인	**마라손 경주 중로에** 큰 사자와 눈쌈을 한 용소년	12~18
		제1회 어린이 동무노리	18
전설동화	추강(秋江)	물고기의 내력	19~22
	소파	나그네 잡긔장	19~22
식물신화(新話)	안선생	나무가 돌아단기는 이약이	23~25
		금붕어	26
녯어른 이약이	박달성	오성과 한음	27~30
동화	소파	피시오라!!	31~39
뽑힌글	엄삼요	저녁 때	40
뽑힌글	김천득	가련한 소녀	40~41
뽑힌글	이창운	봄과 겨울	41
		우숨거리	40~41
		독자담화실	42~43
그림		방정환 선생님 홍성여행시 영자(英姿) 최휘주(崔輝舟)	43
		새 현상	44
	方	남은 잉크	뒷표지(속)
광고		『신여성』 6월호	뒷표지

제2권 제7호 통권 18호, 1924.7.10.

표지		(백조 두 마리)	표지
사진		푸른 동산에서	표지(속)
사진		푸른 대궐 노래를	1
동화	몽중인	개고리왕자	2~7
	쇠북	뛰노는 물껼	8~12
(편지)	이완실	동모 생각-길림 계신 이성택 형님께	13
이과 이약이	최인순	과실 껍질에 사진을 나타내는 법	14~16
		잡긔장	14~16
녯어른 이약이	박달성	오성과 한음 2	17~21
저녁 후	설정식	바보임금	22
저녁 후	변기학	잘 니저버리는 사람	23
저녁 후	김성내	붓장사 · 잣장사	23
저녁 후	김점석	이번엔 엇더냐	24
		모긔	25
명작동화	소파	큰 바보, 큰 괘사 막보의 큰 장사	26~36

글 종류	글쓴이	제목	쪽
	ㅈㅎ생	파리를 잡으시요	37
입선동요	박정용	(개야개야 짓지마라)	38
입선동요	오판석	언니편지	38
입선동요	권정윤	청개고리	38
		련꼿	38
입선동요	현용택	달을 타고	38
입선동요	신동근	신록	39
알림		어린이 8월호는 「녀름 특별호」로 발행합니다	39
	서덕출·윤석중 외	독자담화실	40~43
		새 현상	44
		남은 잉크	뒷표지(속)
광고		『신여성』 7월호	뒷표지

제2권 제8호 통권 19호, 1924.8.7.

표지		(배에 탄 두 사람)	표지
사진		어린이 8월호 녀름 특별호	1
동화	손진태	장사의 이약이 곰생이	2~6
표류기담	몽중인	소년 로빈손	7~13
어렷슬 때 녀름에 뎨일 자미잇던 긔억	이돈화	나무숩속에	14
어렷슬 때 녀름에 뎨일 자미잇던 긔억	정대현	감나무 그늘	14~15
어렷슬 때 녀름에 뎨일 자미잇던 긔억	강매	어머님 이약이	15
어렷슬 때 녀름에 뎨일 자미잇던 긔억	현상윤	해지는 석양에	15
어렷슬 때 녀름에 뎨일 자미잇던 긔억	조동식	로송나무 미테서	15~16
어렷슬 때 녀름에 뎨일 자미잇던 긔억	최규동	돌을 모으는 자미	16
어렷슬 때 녀름에 뎨일 자미잇던 긔억	정도준	헤염치기 고기잡기	16
어렷슬 때 녀름에 뎨일 자미잇던 긔억	김원영	복날 밥 지여 먹기	16
어렷슬 때 녀름에 뎨일 자미잇던 긔억	조철호	석양에 소 끌고	16~17
어렷슬 때 녀름에 뎨일 자미잇던 긔억	손진태	소낙비 맛는 자미	17
어렷슬 때 녀름에 뎨일 자미잇던 긔억	윤극영	목욕과 이약이	17
어렷슬 때 녀름에 뎨일 자미잇던 긔억	고한승	빨내터에 가든 일	17
북극신화(新話)	소파	에쓰키모의 이약이	18~21

글 종류	글쓴이	제목	쪽
동화	ㅈㅎ생	파리의 실패	22~24
녯어룬 이약이	달성	오성과 한음	25~29
	ㅈㅎ생 외	깔깔소학교	30~33
녀름지식	안선생	녀름은 왜 더운가	34~36
녀름이과	미소	어름으로 물을 끄리는 법	37~39
동화	정병기	물귀신 부자	40~45
	박병원 외	더운 녀름에 엇더케 하면 뎨일 서늘할가	46~47
		새 현상	48
	方	남은 잉크	뒷표지(속)
광고		『신여성』 여름 특별호	뒷표지

제2권 제9호 통권 20호, 1924.9.6.

표지		(소년과 고양이)	표지
동요		가을밤(악보)	1
동화	몽중인	귀신을 먹은 사람	2~8
지식		화성 이약이	9
(재담)	일기자	뛈뛰는 려관	10~13
전설동화	박달성	생명의 종소래	14~17
(기행)	김기전	어린이 동모를 차저 평남에 다녀와서	18~19
가을 과학	미소	달나라 이약이	20~22, 17
소년애화	몽견초	불노리	23~29
	김선생 외	깔깔소학교	30~31
실용지식	정생(丁生)	잉크와 연필 맨드는 법	32~39
실화		마음이 착한 개	32~33
동화	고한승	노래 부르는 꼿(상)	34~39
광고		천성소년회 창립 1주년 기념전람회 상황	39
뽑힌글	유명산	오래된 작문	40
뽑힌글	양영애	룡당포의 슯흔 늣김	40~41
뽑힌글	성석훈	내동모 『어린이』	41
뽑힌글	박용훈	방학동안 한 일	41
		독자담화실	42~43
		새 현상	44
		남은 잉크	뒷표지(속)
광고		『신여성』 창간 1주년 기념호	뒷표지

글 종류	글쓴이	제목	쪽

제2권 제10호 통권 21호, 가을특별호, 1924.10.11.

표지		(소년 얼굴 모습)	표지
사진		추계운동회	표지(속)
동요	소파	귓드람이 소리	1
자미잇는 이약이	소파	월게 처녀	2~6
사실애화	정호	불란서의 용(勇)소년	7~13
소년이과지식		낫에는 별이 왜 안 뵈나	14
학창미담		고학자 「차윤(車胤)」의 이약이	15~18
	몽견초	과꼿(野菊) 남매	19~22
오고·가고		제비와 기럭이	21~22
가을지식	삼산인	단풍과 락엽 이약이	23~25
		가을노리 여러 가지	26~29
동화	몽중인	성칠의 귀신잡기-『귀신먹은 사람』의 속(續)	30~34
신동화	고한승	노래 부르는 꼿(하)	35~38
		독자담화실	43~44
			(39~42 낙장)
		5백명 대현상 문제	45
		현상	46
		남은 잉크	뒷표지(속)
광고		『신여성』 가을 특별호	뒷표지

제2권 제11호 통권 22호, 1924.11.9.

표지		(두손 모은 소녀 상반신 모습)	표지
사진		현상 추첨 모습(정병기, 이을(李乙) 寫眞)	표지(속)
신동요	윤극영 작가,작곡	반달(악보)	1
강화(講話)	몽중인	생명의 관역	2~7, 34
동화	강대철	금똥 누는 암소	8~10
	방정환	하로밤 강습	11
전설동화	유순호	텬제봉의 홍수	12~14
	조산강	날쌔고 긔운센 김덕령 김장군 이약이	15~19
새지식		궁금풀이	20~21
만화		(밋동이가 말을 타고)	20~21
애화	정인호	고아의 죽엄	22~24
자미잇는 이약이	무명인(無名人)	곽산원의 편지	25~27
동화	권영희	영애의 불상한 넉	28~33

글 종류	글쓴이	제목	쪽
강화(講話)	몽중인	생명의 관역 어린 와-텔의 목슴	34~38
		5백명 대현상 당선 발표	39~41
뽑힌글	오기영	10전	42
뽑힌글	이인성	추석날 감상	42
뽑힌글	전창기	나의 연필	42~43
뽑힌글	성석훈	병석에서	43
뽑힌글	노귀돌	그림자	43
		자유화 당선자 씨명 발표	44~45
		독자담화실	46~47
	方	남은 잉크	48

제2권 제12호 통권 23호, 1924.12.11.

표지		(표지 없음)	낙장
			(1~2낙장)
(미담)		(쫀이는 할아머지의 명령으로 멀리 동내에 나가서)	3~8
우화		장님의 개	9~11
알림		(요 다음 호는 신년 특호입니다)	11
		인명을 구한 명견 이약이	12~18
		눈의 식험	19~21
	방(方)	눈이 오시면	19~21
일상과학		궁금푸리	22~23
		눈 눈 눈	22~23
미화	소파	불상한 두 소녀	24~32
	일기자	이러케 하면 글을 잘 짓게 됩니다	33~37
		닭의 알 고르는 법	37
	편집인(方)	『어린이』 동모들께	38~39
신작동요	잔물	늙은 잠자리	40~41
	삼산생	첫눈	41
뽑힌글	김계득	말른 감나무	40
뽑힌글	정익영	국화	40~41
뽑힌글	김삼남	아버지 생각	41
		5백명 대현상	42
		제20회 현상 당선 발표	43
	편즙실급사	편즙실 이약이	44
광고		『어린이』 신년호	뒷표지(속)
광고		『사랑의 선물』	뒷표지

글 종류	글쓴이	제목	쪽

제3권 제1호 통권 24호, 1925.1.1.

표지		(소의 등에 올라 탄 아이들)	표지
사진		물소의 싸움	표지(속)
사진		새해!! 새해!!	1
	방정환	새해에 첫아츰	2~3
	조산강	검도령 이약이	4~9
		소 牛 소	6~7
		새해의 압뒤	10~11
동화	전영택(역)	달이 말하기를	12~15
탐정소설	북극성	동생을 차즈려(1)	16~19
		깔깔소학교	20
동화	정호(定鎬)	황소의 의협	21~23
		새 현상 두 가지	24
사진		어린이 애독자 대회	25
	황우(黃禹)	나는 소외다	26~29
스티분슨 이약이	신영철	보드라운 애정	30~32
		5백명 당선 발표	
알림		세계일주 사진화보	
(동요)	김여수요 / 윤극영곡	눈 오시는 아츰(악보)	33
동화	박달성	호랑이 잡고 방아 잘 찟고	34~37
	안선생	영리한 개	38~39
동화	정병기	욕심만흔 할머니와 황금 생선	40~43
	기일재	소년 기술	44~45
		세계 제일, 보물을 차즈라	46
어린이 대부록		비행경쟁 노는 법	47
	어린이사 지급통신	대지급(大至急) 대지급!!	48
광고		깃거울 새해가 왓슴니다	
		남은 말슴	뒷표지(속)
광고		『사랑의 선물』 7판!! 7판!!	뒷표지

제3권 제2호 통권 25호, 1925.2.1.

표지		(학생모자를 쓰고 있는 개의 모습)	표지
사진		세계에 유명한 어린이 짜키-쿠-간과 천재소녀 최정옥	표지(속)
(권두언)	어린이사 일동	깃버해 주시요!!	1
	소파	눈먼 용사 『삼손』 이약이	2~7

글 종류	글쓴이	제목	쪽
	전영택(역)	달이 말하기를–열일곱째밤	8~11
조선위인	신영철	거북배를 만드신 이충무공 이약이	12~16
알림		여러분에게 바라는 바 몃 가지	16
		세계에 제일 만흔 월급 밧는 소년 짜키–쿠–간	17
		천재 소녀 최정옥 양	18~22
이과실험		신긔한 요술	23
	김억	알넥산더 대왕	24~25
의용미담	정호	영국의 용(勇)소년	26~29
새지식		궁금푸리	30~31
		편즙실에서	30~31
탐정소설	북극성	동생을 차즈려(2)	32~36
	조산강	진시황을 따린 창해역사 검도령 이약이	37~41
뽑힌글	안상천	어머니의 사랑	42
뽑힌글	박금환	그리운 옵바	42~43
뽑힌글	양소매	새해마지 하기에	43
뽑힌글	서형균	사랑스러운 새 동생	43
		독자담화실	44~45
		제22회 현상 당선 발표	46
		5백명대현상	47
		편즙실 이약이	48
광고		세계소년작품전람회를 굉장하게 크게 엽니다	뒷표지(속)
광고		『어린이』 창간2주년기념호	뒷표지

제3권 제3호 통권 26호, 1925.3.1.

표지		봄 잔디 우에	표지
사진		비행기! 비행기!!	표지(속)
	김인득	『사랑의 선물』을 닑고	
		신현상, 연속현상, 50명 현상	
(권두언)		두돌을 마지하면셔	1
훈화	김석송	제 발로 제 길을 것자	2~3
동화	고한승	아기의 꿈	4~5
동화	유광렬	두겁이와 진에	6~9
	신영철	이년 전의 살구나무	10~11
	이성환	산골 어린이의 겨울 나기	12~13
독일동화	박영희(역)	별돈	14~15
		세계일주일행 조선을떠나면서	14~17
	설의식	빗조흔 개살구 『점잔타』	16~18

글 종류	글쓴이	제목	쪽
		우습꺼리	18
동화	기진	꾀꼬리폭포1	19~21
입선동요	최경화	별의 아들	22
입선동요	장문진	어미새	23
새지식		궁금푸리	22~23
신동화	성해	색기 일은 검둥이	24~25
우화	앵무새(허정숙)	앵무새의 이약이	26~28
만화		(한아버지 따러서 곡마단 구경갓다가)	26~28
		세계일주 말판 쓰는 법	29
탐정소설	북극성	동생을 찾으려(3)	30~33
동화	박달성	목숨을 갈너 준 안나의 의용	34~39
		발명품 네 가지	40~41
		편즙실에서	40~41
동화극	김운정	싀골쥐 서울쥐	42~45
뽑힌 글	김찬전	달을 바라보면서	46
뽑힌 글	최옥례	눈 오시는 밤	46~47
뽑힌 글	이충선	백년초	47
		독자담화실	48~49
		제23회 현상 당선 발표	50
		편즙을 맛치고	51
광고		어린이창간2주년기념 각지소년소녀대회	52
독자사진첩		씩씩하고 참된 소년이 됩시다 윤석중 외(寫眞)	뒷표지(속)
광고		세계 각국 아동작품전람회	뒷표지

제3권 제4호 통권 27호, 1925.4.1.

표지		꼿그늘에서	표지
사진		맨처음 자동차	표지(속)
알림		세계아동예술전람회 연기	
광고	이문당	2천 원의 현상	
(권두언)		꼿노리	1
동화	요한	작은이 세 사람	2~9
	홍종인(역)	엔리코의 일기	10~12
		신긔하고 자미잇난 꼿빗 실험	13~15
열혈미담	정호	프랭크의 피	16~23
(실화)	에리스·에스·쪼세푸	맹수 잡는 이약이	24~27
		깔깔소학교	28~29
탐정소설	북극성	동생을 차즈려(4)	30~33

글 종류	글쓴이	제목	쪽
	方	편즙을 맛치고	34~35
입선동요	서덕출	봄편지	34
입선동요	홍태유	봄	34
입선동요	천정철	팔려가는 소	34
입선동요	최영애	꼬부랑할머니	35
입선동요	윤석중	옷둑이	35
과외이과	김학서	신긔한 요술	36~37
소년과학	미소	구름은 엇던 것인가	38~39
동화	기진(역)	꾀꼬리폭포(2)	40~42
뽑힌글	이종화	병상에서	43
뽑힌글	허봉준	별스런 습관	43
뽑힌글	신영돈	여동생	43~44
뽑힌글	장문성	나의 일기에서	44
		독자담화실	45~46
		제24회 당선 발표	47
		2대 현상 새문뎨 글자찻기	48
독자사진첩		씩씩하고 참된 소년이 됩시다	뒷표지(속)
광고		놀랍게 만히 팔려가는 책 『사랑의 선물』	뒷표지
특별부록		세계일주경쟁말판(첨부)	

제3권 제5호 통권 28호, 소년소녀대회호, 1925.5.1.

글 종류	글쓴이	제목	쪽
표지		풍선 띄우기	표지
사진		자아— 나아갑시다(어린이날)	표지(속)
광고		놀나지 마시요(『사랑의 선물』), 작품 모집, 투서 주의, 『신여성』 5월호	
인사	편집인	개회의 말슴	1
훈화	조재호	어린이데— 선물	2~4
동화	소파	귀먹은 집오리	5~7
	이성환	소년회 이야기	8~11
우리 시골 전설	최경화	닐곱도승과을지문덕장군—청천강과칠불사이약이	12~13
우리 시골 전설	박노춘	금성이약이—불상한처녀의죽음	13~15
우리 시골 전설	김형규	이상한 꿈	15~17
	홍종인	엔리코의 일기—만령절(萬靈節)	18~19
동요	한정동	두룸이(당옥이)	20~21
		편즙을 맛치고	20~21
		우리 시골 사투리	22~25
탐정소설	북극성	동생을 차즈려(5)	26~29, 41

글 종류	글쓴이	제목	쪽
		나그네 잡긔장	30~31
역사동화	손진태	명장 강감찬	32~37
동화극	마해송	장님과 코끼리(1막)	38~41
뽑힌글	김동준	열을 헤이라	42
뽑힌글	임순갑	우리학교 경치	42~43
뽑힌글	양원석	졸업식일	43
뽑힌글	정순응	발표하는 날	43
		휴계실	44~46
		제25회 현상 발표	47
		신현상	48
독자사진첩		씩씩하고 참된 소년이 됩시다 이정구 외(寫眞)	뒷표지(속)
광고		『개벽』 5월호	뒷표지
특별부록		세계일주 사진(삽입)	

제3권 제6호 통권 29호, 소년소녀대회호, 1925.6.1.

표지		더 놉히, 더 놉히	표지
사진		서늘한 나라	표지(속)
알림		작품 모집, 투서 주의	
광고		『수리계(數理界)』	
동요	조광걸요 / 윤극영곡	눈(악보)	1
동화	몽중인	까치의 옷	2~4
녯어른 이약이	기전	세살때브터 글을 지은 율곡 선생 이약이	5~10
열혈미담	정호	미국의 용(勇)소년	11~15
	박달성	황해도에 갓든 니약이	16~20
		검은 옷에는 모긔가 잘 덤빔니다	20
		깔깔 소학교	21~23
녀름지식		모긔와 파리	24~25
동화극	김철오	부자의 심리(전2막)	26~27
탐정소설	북극성	동생을 차즈려(6)	28~34
사화	차청오	24세에 대금(大金) 황제가 되려던 소년 장군 이징옥	35~39
뽑힌글	김의성	병든 누의	40
뽑힌글	강순도	꽃 바위	40
뽑힌글	최홍선	금과 똥	41
뽑힌글	박호병	비오는 밤	41
뽑힌글	최영실	눈물의 날	41~42
		독자담화실	43~45
		제26회 당선 발표	46

글 종류	글쓴이	제목	쪽
		신현상	47
	方	편즙을 맛치고	48
독자사진첩		씩씩하고 참된 소년이 됩시다	뒷표지(속)
광고		6월호 『개벽』	뒷표지
특별부록		세계일주 사진(삽입)	

제3권 제7호 통권 30호, 1925.7.1.

표지		점으는 바다에	표지
사진		세계 제일의 어린이 딴스단	표지(속)
광고		『사랑의 선물』 8판!	
		작품 모집, 투서 주의, 제27회 당선 발표	
동요		꾀꼬리(악보)	1
동화	몽중인	과거문뎨	2~5
훈화	안선생	소매의 구녁	6~9
	이성환	농촌소년을 위하여	10~13
녀름지식		서늘한 빗 반듸불 이약이	14~15
		세계에 제일 큰 닙사귀	14
		잘못된 것	15
지식	김학서	에듸손의 생각한 삼백년 후의 세계	16~19
열혈미담	정호	미국의 용소년(2)	20~23
		사람의 몸 하나 삼십삼 원씩	24
		거름 검사	25
		우리 석골 사투리	26~27
알림		하기 야외강습회 개최, 세계아동작품전람회	26~27
화학 취미		사이다—와 라므네 맨드는 법	28~31
동화	박달성	메리와 텬당어머니	32~35
입선동요	송무익	배사공	36
입선동요	이학린	시내	36
입선동요	윤헌	두견새	37
입선동요	OO생	꾀꼬리	37
		동요를뽑고서	36~37
탐정소설	북극성	동생을 차즈려(7)	38~42
		편즙실 이약이	43
뽑힌 글	황복호	나의 소원	44
뽑힌 글	최경화	즐거움	44
뽑힌 글	남상덕	아버지 생각	45
뽑힌 글	성석훈	소낙비	45

글 종류	글쓴이	제목	쪽
		독자 담화실	46~47
		신현상	48
독자사진첩		씩씩하고 참된 소년이 됩시다	뒷표지(속)
광고		『개벽』 7월호 조선자랑호	뒷표지
특별부록		세계일주 사진(삽입)	

제3권 제8호 통권 31호, 1925.8.1.

표지		바다ㅅ가에서	표지
사진		기차 자동배 대경주	표지(속)
사고(社告)		(9월호브터 더 확장하기로 하는 동시에 책갑을 50전으로)	
광고		『사랑의 선물』 8판!	
		작품 모집, 투서 주의, 제28회 당선 발표	
동요	한정동 요 / 윤극영 곡	두룸이(악보)	1
실화	잔물	눈물의 모자갑	2~5
사담	진장섭	동화의 아버지 「안더-센」 선생	6~9
사담	박달성	조선에 유명한 김삿갓 이약이	10~13
동화	몽중인	양초 귀신	14~18
		녀름철의 자미잇는 유-과일먹기-	19
전설	신영철	낙화암 이약이	20~26
우정미담	정호	놉흔 탑 우에서	27~31
실기	소파	해녀의 이약이(해녀 관련 사진)	32~37
	성석훈	소년소녀 위문단기	38~39
북미동화	영희(역)	일희가 된 동생-북아메리카의 이약이	40~43
소년극	마해송	둑겁이의 배	44~46
		하기 특별 대현상	47
	소파	편즙실에서	48
독자사진첩		씩씩하고 참된 소년이 됩시다	뒷표지(속)
광고		『신여성』 8월호	뒷표지
특별부록		세계일주 사진(삽입)	

제3권 제9호 통권 32호, 1925.9.1.

표지		외국 소년단의 자전거 행군	표지
사진		적은 건설! 어린이 회당	표지(속)
광고		조선여성자랑호 출래	
		현상 모집, 투서주의	
권두	편집인	코스머스의 가을	1

글 종류	글쓴이	제목	쪽
동화	고한승	집행이 하나–박문수 이약이	2~5
불란서 명화	몽견초	뿌움 뿌움	6~10
지식		이건 참 자미잇고나	11
사담	청오생	천하용장 을지문덕 장군	12~16
		『어린이』 개정 정가에 관하야	17
신지식	삼산인	가을밤에 빗나는 별	18~21
소개	소파	씩씩한 동모들 언양의 조기회	22~27
알림		세계아동작품전람회 외국 아동작품이 오기 시작	27
전설	신영철	박연폭포 이약이	28~33
사진		(이쁠난불상한동모는문영만씨)	33
특별실		땡땡신문 제1호	34~35
탐정소설	북극성	동생을 차즈려(8)	36~41
특별실		이과 교실, 어린이 라디오, 자습실	42~45
동화	박달성	김삿갓 이약이	46~49
		깔깔소학교	50~51
동화극	김일석	끝없는 녯말(전1장)	52~54
미담	정호	다니–루의 인내	55~61
	소파	사랑하는 동모 어린이 독자 여러분께	62~63
입선동요	임동혁	참새	64
입선동요	서덕출	봉선화	64
입선동요	최득선	기럭이	64
입선동요	윤복진	별 따러 가세	65
입선동요	천정철	가을아참	65
작문	김화룡	장마비	66
작문	염수원	형님 전상서	66~67
작문	윤정희	됴선 잡지 어린이	67
작문	경화	아버지께	67
		독자담화실	68~70
		경성 교통 조사 현상 결과 발표	71
		새현상 문제(의견보기)	72
독자사진첩		씩씩하고 참된 소년이 됩시다	뒷표지(속)
광고		『사랑의 선물』 8판	뒷표지
특별부록		세계일주 사진(삽입)	

제3권 제10호 통권 33호, 가을특별호, 1925.10.1.

표지		가을 뫼에 올라서	표지
사진		대경성의 교통 조사	표지(속)

글 종류	글쓴이	제목	쪽
광고		『신여성』 10월호, 전호 자습실, 정답	
권두		눈물의 가을	1
애화(哀話)	이성환	달밤에 울고 잇는 외로운 드리박	2~7
애련미화	잔물	눈물의 노래	8~11
과학신지식		아름다운 가을달 계수나무 이약이	12~14
사담	조규수	양만춘 장군	15~19
가을취미	김기전	(가을이면 나는 산에 오르거나 들에 나가는 것이)	20~21
가을취미	이성환	(가을 아츰 일즉이 니러나서 찬물에 세수하고)	20
가을취미	고한승	(나는 가을 특별히 저녁 때)	21
가을취미	방정환	(녀름의 괴로움에서 소생되여 나는 가을철)	21
상식		추기(秋期) 수학여행 갈 때, 산에 올라갈 때	20~21
소년애화	몽견초	절영도 섬 넘어	22~27, 35
동요	한정동	고향생각	24~25
지리	신영철	금수강산 평양성	28~35
		깔깔소학교	36~37
탐정소설	북극성	동생을 차즈려(9)	38~46
명곡명화	홍영후	월광의 곡	47~51
		자습실	52~53
		세계적 대유행 십자 말푸리	54~57
		상식문답	57
애화	연성흠	가슴에 픠인 홍목단	58~67
		독자담화실	68~69
		신현상 십자 말푸리	70
		제30회 현상 당선 발표	71
	方	편즙을 맛치고	72
사고		어린이신문 표지를 이렇케 사용하십시요.	
알림	해영사 인쇄소	조선 제일의 『어린이』 잡지를 박혀내는 곳은 해영사임니다	
사랑의 사진첩		씩씩하고 참된 소년이 됩시다	뒷표지(속)
광고		『사랑의 선물』	뒷표지

제3권 제11호 통권 34호, 1925.11.1.

표지		가을철에 피는 꼿	표지
사진		그립든 집에서 · 그립든 동모들!	표지(속)
광고		『신여성』 11월호, 전호 자습실 정답	
권두	편즙인	가을의 리별	
동화	앤덜쓴 / 주요섭(역)	부싯돌	2~6
지리	신영철	천하제일 금강산	7~15

글 종류	글쓴이	제목	쪽
사담	조규수	사법명(沙法名) 장군	16~19
소개	몽견초	두 팔 없는 불상한 소년-「가마다」마술단의 전판문씨	20~25, 57
지식	편집실	이과교실	26~27
동화	김윤산	호박장군	28~32
흥미	최경화 외	인물상상기	33~35
		깔깔소학교	36~37, 41
과학		이것도 전기	38~40
미화	전치준	원숭이 효성	38~39
취미	윤석중	자미잇는 표적 글자 안인 글자	40~41
흥미	장사동 일독자	방정환씨 미행기 방정환(寫眞)	42~46, 57
	조사원	제2회 됴사 대경성의 교통수 발표	47
이국애화	이옥희	유랑의 소조(小鳥)	48~57
입선동요	최순애	옵바 생각	58
입선동요	천정철	쨍아	58
입선동요	신고송	우톄통	58
입선동요	배종환	자전거	59
입선동요	장신성	달님	59
작문	창화(昌化)	불상한 촌 아해	60
작문	윤복진	종달새	60
작문	김찬전	어린 동모들게	60~61
작문	이응규	일기문	61
작문	남상덕	뜻밧게 편지	61~62
작문	승응순	할머니 생각	62
		독자담화실	63~67
		현상 문제 십자말푸리	68
		글 지여 보내는 이에게	69
		제31회 현상 당선 발표	70
광고		조선농민사우 대모집	
광고		『개벽』 11월호	
사랑의 사진첩		씩씩하고 참된 소년이 됩시다 서덕출 외(寫眞)	뒷표지(속)
광고		『사랑의 선물』 9판!	뒷표지

제3권 제12호 통권 35호, 1925.12.1.

표지		날쌔게! 또 놉닷케!	표지
사진		천길만길 대빙(氷)탈!	표지(속)
광고		『조선농민』 나왓습니다, 『개벽』 송년호	
권두	편집인	잘 가거라! 열다섯 살아	1

글 종류	글쓴이	제목	쪽
명화	정호	나무칼 병사	2~7
알림		(어린이 신년호 예고)	7
사담	조규수	우리 서은왕(徐偃王)의 위엄	8~11
동화	박달성	싀골머슴과 서울왕녀	12~17
지리	신영철	내 사랑 공주산성	18~24, 54
소개	박사직	눈나라 이약이	25~27
취미	김동한	로서아의 눈과 어린이	28~29
		깔깔소학교	30~31
과학수공		활동사진 긔계 맨드는 법	32~38
동화	마해송	어머님의 선물	39~43, 49
취미		이과교실	44~45
실익	안선생	반듯이 우등하는 공부법	46~49
		자습실	50~51
흥미	삼산인	새롭고 자미잇는 눈싸홈법	52~54
동화	앤덜쓴 / 주요섭(역)	부싯돌	55~59
입선동요	이정구	나는 가요	60
입선동요	김상호	저녁	60
입선동요		상식 문답	60~61
입선동요	최창화	수레	61
입선동요	최응상	저녁종	61
입선동요	김혜숙	굴둑	61
작문	황복호	불상한 동모	62
작문	염수원	『동생을 차즈려』를 닑고	62~63
작문	서리복	나의 소원	63
	독자중	독자담화실	64~65
	편집실	제32회 당선 발표	66
사고(謝告)		답례품 안내	66
		새 현상, 현상모집	67
		편즙실 이약이	68
사랑의 사진첩		씩씩하고 참된 소년이 됩시다	뒷표지(속)
광고		연말 선물 『사랑의 선물』	뒷표지

제4권 제1호 통권 36호, 병인신년호, 1926.1.1.

표지		범장군 만세	표지
사진		근하신년 : 박달성, 방정환, 안석주, 고한승, 윤극영, 차상찬, 마해송, 신영철(寫眞)	표지(속)
		새현상 『우리 지방 명승』 투표	

글 종류	글쓴이	제목	쪽
광고	방정환 감수, 이정호 역	『세계일주동화집』	
권두	편집인	오—새해가 솟는다! 놉흔 소리로 노래하라!	1
훈화	조재호	인왕산 호랑이의 대연설	2~3
동화	마해송	바위나리와 애기별	4~9
		두 가지 대현상	9
	청오	됴선 글자를 맨들든 해	10~11
동시	손진태	옵바 인제는 돌아오서요	12~13
	정병기	아들의 아들	12~13
소개	요섭	살이 포둥포둥진 중국어린이	14~18
동요	김려수 요 / 윤극영 곡	눈(악보)	19
동화	고한승	의협한 호랑이	20~24
동요	진장섭 요 / 정인섭 곡	천사의 노래(악보)	25
		깔깔소학교	26~27
	일기자	호랑이, 동물원 호랑이	26~27
동화극	정인섭	백설공주	28~34
취미	윤석중	자미잇는 수자(數字)그림	35
취미	김현설	칠요일을 속히 알어내이는 법	36~37
취미	편즙실급사	어린이기자 이 모양 저 모양	38~39
		전호 자습실 정답	40
우스운이약이	몽중인	호랑이 형님	41~43
사화	박영희	지혜 만흔 솔노몬왕 이약이	44~45
동화	박달성	이죽이 삐죽이	46~49, 57
		어린이운동 말판 쓰는 법	
광고		『개벽』, 『신여성』, 『조선농민』 신년호, 현상모집	
우스운 이약이	깔깔박사	셈 치르기	50~54
알림		요 다음 2월호에는	54
우스운 이약이	몽견초	설떡 술떡	55~57
		독자담화실	58~61
		현상 작문, 전호 현상 당선 손해 알기 발표	61
		5백명 대현상 『어린이』 십자말푸리	62~63
		새해 편즙을 맛치고	64
사진		호랑이재롱엇덥쇼	뒷표지(속)
광고		『사랑의선물』	뒷표지
2대부록		어린이 대운동 말판(삽입)	
2대부록		어린이신문 정월호(삽입)	

글 종류	글쓴이	제목	쪽

제4권 제2호 통권 37호, 1926.2.1.

표지		제비와 갓치	표지
사진		동경 어린이 신년회	표지(속)
광고		2월호 『신여성』, 2월호 『개벽』, 『세계일주동화집』	
권두		눈오는 새벽	1
동화	이성환	불상한 이의 동무 앵무새 노래	2~7
전기	차상찬	서화담 선생	8~11, 49
동화	춘파(春波)	호랑이의 신의(信義)	12~15
알림		(요 다음 3월호 3주년 긔념호에 나는 특별대부록은)	15
명화	길동무	겨우 살아난 「하나님」-한 비행가의 이약이에서	16~19
		깔깔소학교	20~22
훈화	신영철	흙과 사람-여행 떠나기 전의 한 마듸 선물	23~27, 39
과학	삼산인	전화발명자 알렉산더 · 그라함 · 벨	28~35
실화	박달성	독각이 잡든 니약이	36~39
입선동요	김용두	나무닙배	40
입선동요	추범(秋帆)	江나리배	41
동화	고한승	가마귀와 공작새	40~41
만고기담	소파	천일야화	42~45
소년수공	안선생	최신식 팽이 맨드는 법	46~49
동화극	정인섭	백설공주	50~54
		신년호 대현상 5백 명 당선 발표	55, 64~66
		명승투표 제1회 결과 발표	56~57
입선작문	조병숙	할머님 전상서	58
입선작문	박호병	디진(地震)	58~59
입선작문	윤정희	팔 업는 슯흠	59
		독자담화실	60~63
	편즙실	구두 현상	67
	담화실직이	깃버하십시요	68
사랑의 사진첩		씩씩하고 참된 소년이 됩시다	뒷표지(속)
광고		『어린이』 창간 3주년 기념호	뒷표지
부록		세계 일주 사진 화보(삽입)	
부록		어린이신문 2월호(삽입)	

제4권 제3호 통권 38호, 창간3주년기념호, 1926.3.1.

표지		두둥실 놉히 떠	표지
사진		독일서 온 아동 작품	표지(속)

글 종류	글쓴이	제목	쪽
광고		말성되엿던 『개벽』 3월호	
특별 2대 부록		조선일주 말판 노는 법	
광고		『세계일주동화집』	
(권두언)		창간 3주년 기념	1
인사	방정환	세 번째 돌날에	2~3
동화	이성환	죄인 모를 재판	4~8
사담	차상찬	정충신 이약이	9~13
지리	신영철	섬 만흔 남조선	14~18
실익	길동무	금년 력서	16~17
동화	조백추	보름제	19~23
동요	한정동	바람	24~25
이솝우화	김숙자	니리와 양(羊)	24~25
동화	전춘강	백합꼿	26~29
		명승투표(현상)	29
애화	최은희	닛처지지 안는 불상한 동무	30~33
		깔깔소학교	34~35
동화	유각경	놀고먹느냐-거듭난 귀동이	36~39
지식	박경식	손가락 이약이	40~42
소개	김활란	조흔 어머니 품에 길리우는 미국의 어린이	43~45
기담	소파	천일야화(1)-어부와 마귀 이약이	46~49
우스운 이약이	깔깔박사	옹긔ㅅ 세음	50~53
기술	최선생	하기 쉬운 신긔한 요술	54~56
알림		독자 여러분께	56
동화극	정인섭	솔나무 1막	57~62
광고		『사랑의 선물』	62
수공	직이	기념품 진정(進呈) 석냥갑 작란감	63~65
여화	편집하인	편즙을 맛치고	65
통신	독자중	독자담화실	66~67
발표	편집실	대현상	68
사랑의 사진첩		씩씩하고 참된 소년이 됩시다	뒷표지(속)
광고		『사랑의 선물』 9판!	뒷표지
특별 2대 부록		조선일주말판(삽입)	
특별 2대 부록		어린이세상 제5호(삽입)	

제4권 제4호 통권 39호, 1926.4.10.

표지		일등은 내것	표지
사진		선생님 업는 학교	표지(속)

글 종류	글쓴이	제목	쪽
광고		『세계일주동화집』, 『조선농민』 나왓습니다!!!	
동요	서덕출 작요, 윤극영 작곡	봄편지(악보)	1
문예	편집인	봄! 봄!!—종달새, 봄, 꽃 재배	2~5
동요	한정동	할미꼿	5
봄철에 가장 사랑하는 꼿	신영철	(꼿치고 사랑스럽지 안흔 꼿이 어대 잇겟슴닛가)	6~7
봄철에 가장 사랑하는 꼿	김기전	(당신이 데일 됴화하는 꼿이 무슨 꼿이냐 하면)	7~8
봄철에 가장 사랑하는 꼿	고한승	(사람치고 꼿을 시러하는 이가 어듸 잇스며)	8
봄철에 가장 사랑하는 꼿	이성환	(내가 사랑하는 꼿은 나를 사랑하는 꼿입니다)	8~9
봄철에 가장 사랑하는 꼿	방정환	(곱게 피는 꼿이면 모다 조치만 봄에 피는 꼿중에서)	9~10
지혜	성서인	굉장한 약방문	11
동화	몽견초	벗꼿 이약이	12~15
지식	박달성	조선의 자랑(1)	16~20
지리	신영철	남조선 섬나라	21~27, 42
탐정소설	북극성	칠칠단의 비밀(1)	28~33
		깔깔소학교	34~35
소개	길동무	봄철을 맛는 「어린이공화국」	36~39
동화	유광렬(原譯)	꿀벌과 곰 싸홈	40~42
지식	박경식	눈물 이약이	43~45
사실애화	송근우	2천냥 빗으로 대신 가는 언년이	46~51
과학	최선생	봄날에 자미잇는 유희 비누풍선	52~53, 39
기담	소파	천일야화(2)—어부와 마귀 이약이	54~58, 66
	독자중	독자담화실	59~61
입선동요	이원수	고향의 봄	62
입선동요	박영호	곱등이	62
입선동요	손용준	허재비	63
입선동요	장영실	꿈	63
입선동요	윤복선	종달새	63
	편집실	3월호의 현상 당선 발표	62~63
작문	승응순	선생님 전상서	64
작문	최경화	사나운 꿈	64~65
작문	정태이	방 나는 날	65
작문	손주환	『팔업는 슯흠』을 닑고	65~66
	편집실	2월호 현상 당선 발표	66
	편집실	양복 현상	67
		편즙을맛치고	68

글 종류	글쓴이	제목	쪽
사랑의 사진첩		씩씩하고 참된 소년이 됩시다	뒷표지(속)
광고		『개벽』, 『신여성』 4월호	뒷표지
2대 부록		세계일주 사진화보(삽입)	
2대 부록		어린이신문 4월호(삽입)	

제4권 제5호 통권 40호, 어린이날기념호, 1926.5.1.

표지		놉죽히 날러서	표지
광고		『사랑의 선물』	표지(속)
광고		『개벽』, 『신여성』 6월호, 『세계일주동화집』	
사진		광명의 빗을 따라	1
권두	편즙인	어린이날	2~3
동요	한정동	제비	4
동요	한정동	갈닙피리	5
편지	박봄	어린이날을 마즈면서 됴선 소년 동모들께	6~8
조선동화	老직이	망두석재판	9~15
		날르는 속력(速力)	15
지식	이성환	조선자랑(2) 농업나라인 자랑	16~19
이소프우화	서원生	여호와 학	18~19
조선동화	최승일	무사와 처녀	20~25
		깔깔소학교	26~27
기담	소파	천일야화(3)－어부와 마귀 이약이	28~33, 67
조선동화	삼산인	무서운 둑겁이	34~37
조선동화	춘풍생	봉이 김선달	38~41
탐정소설	북극성	칠칠단의 비밀(2)	42~47
기술	안선생	긔긔묘묘 요술딱지(어린이 딱지)	48~51
아동극	정인섭	백로의 사(死) 1막	52~59
입선동요	최경화	봄	60
입선동요	은월(銀月)	봄비	60~61
입선동요	황세관	헌 모자	61
입선동요	가나리야회	다리 우에서	61
입선동요	무명(無名)	벅국새	61
		편즙을 맛치고	60~61
작문	송완순	고향의 팽나무	62
작문	이정구	벗을 보내고	62
작문	김명건	늣긴 대로	63
작문	서창남	윤정희씨에게	63
		독자담화실	64~66

글 종류	글쓴이	제목	쪽
	정병기	밋는 사람	67
	편즙실	양복 현상	68
사랑의 사진첩		씩씩하고 참된 소년이 됩시다	뒷표지(속)
광고		(어린이날 『어린이』 권고)	뒷표지
2대 부록		세계일주 사진화보(삽입)	
2대 부록		어린이신문 5월호(삽입)	

제4권 제6호 통권 41호, 1926.6.9.

표지		나무끗 그 우에	표지
사진		꿈나라로!	표지(속)
광고		『세계일주동화집』 재판 인쇄!!	
	편즙실	4월호 현상 당선 발표	
동요	한정동	수양버들	1
편지	신영철	첫 녀름을 마즈면서–시골소년들께 드리는 편지	2~4
미담	몽견초	울지 안는 종	5~9
	권덕규	조선자랑(3) 조선글은 천하에 제일	10~12
土耳其 동화	고한승	우물귀신	13~16
활동사진 이약이	일기자	영원의 어린이 피–터–팬	17~22
지식	최선생	이건 참 자미잇고나	23
소개	삼산인	이태리 소년	24~25
	방정환	20년 전 학교 이약이–내가 소학교에 입학하든 때	26~29, 48
소화		깔깔소학교	30~31
탐정소설	북극성	칠칠단의 비밀(3)	32~37
실화	소파	다라나는 급행렬차 압헤 공중의 귀신 신호	38~45
기술	안선생	하기강습 요술학교	47~48
	편즙실	5월호 현상 당선 발표	49
입선동요	윤복진	바닷가에서	50
입선동요	선우만년	두루마기	50~51
입선동요	최영길	눈물	51
입선동요	장중환	어린 플	51
	편즙급사	편즙실 이약이	50~51
작문	변갑손	경솔	52
작문	최경화	비 오는 날에	52
작문	하소담	보옥의 죽엄	53
작문	이경득	족고만 선물	53
	독자중	독자담화실	54~55
특별기사	길동무	소년 탐험군 이약이	56~70

글 종류	글쓴이	제목	쪽
사랑의 사진첩		씩씩하고 참된 소년이 됩시다 윤복진 외(寫眞)	뒷표지(속)
	편즙실	새현상 문제	뒷표지
2대 부록		세계일주 사진화보(삽입)	
2대 부록		어린이신문 6월호(삽입)	

제4권 제7호 통권 42호, 1926.7.30.

글 종류	글쓴이	제목	쪽
표지		어긔엇차 배를 저어	표지
		두 가지 대현상, 녀름 대야유회	표지(속)
광고		『사랑의선물』 10판 발매 안내	
		6월호 현상 당선자 발표	
동요	잔물	녀름비	1
동화	전영택	실은 업서도 물네라	2~5
(동화)	신영철	세게에 제일 큰 부처님 은진미륵 이약이	6~11
알림		이 책에 잇는 동화극을 상연하시는 분에게	11
취미	방정환	20년 전 학교 이약이-상투에 학교 일홈 못치던 때	12~15
과학	삼산인	바람과 번개불	16~18
사고(社告)		19페지로 23페지까지 다섯 페지는 삭제를 당하야 인쇄 못하고 빠젓습니다.	
소화	신입생	깔깔소학교	24~25
활동사진 이약이	일기자	영원의 어린이 피-터-팬	26~33
	편즙실	여름특별현상모집토론! 대토론!!	34
동화극	정인섭	잠자는 미인	35~41, 11
자미잇는동화	주요섭	미련쟁이	42~51
입선동요	강중규	어머니 생각	52
입선동요	이경석	녀름	52~53
입선동요	윤복진	각씨님(人形)	53
입선동요	김장련	잠자리	53
	편즙인	편즙을 맛치고	52~53
작문	한덕선	개고리	54
작문	이근필	비온 뒤	54
작문	서덕출	녀름의 새벽	54~55
작문	이명식	장미화	55
작문	박호병	아버님 전상서	55
통신	독자중	독자담화실	56~59
	보빈쓰까야 / 길동무(역)	소년 탐험대 이야기	60~70
사랑의 사진첩		씩씩하고 참된 소년이 됩시다	뒷표지(속)
		새 현상	뒷표지
부록		어린이신문 7월호(삽입)	

글 종류	글쓴이	제목	쪽

제4권 제8호 통권 43호, 여름특별호, 1926.9.1.

표지		물속에서	표지
사진		하나 둘 셋! 물속으로! 바다물속으로!	표지(속)
	편즙실	7월호 현상 당선 발표	
신동요	잔물	산ㅅ길	1
동화	몽중인	하ㅡ메룬의 쥐난리	2~4
사고(社告)	개벽사 어린이부	독자 여러분께	5
실익	창남(昌男)	녀름 일기	6~8
취미	박선생	요술산술 『아홉조화』	8
실화	잠수부	서늘한 바다속 물나라 이약이	9~15
지식	유영준	어린이들의 녀름철 위생	16~19
실화	방정환	20년 전 학교 이약이-벌거숭이 3백 명	20~25
녀름지식	안선생	허염치는 법	26~29
최신지식	일기자	「라디오(無線電話)」 이약이	30~34
	방정환	방송해 본 이약이	34~35
녀름지식	록뎡생	땀, 땀, 땀	36~38
	일기자	이건 참 자미잇고나	39
흥미	백남규	자미잇는 산술 니야기	40~41
탐정소설	북극성	칠칠단의 비밀(4)	42~49
과학	삼산인	바람과 번개불	50~53
소화	깔깔박사	방긔출신 최덜넝	54~58
	편즙실	새 현상	59
야외동화극	정인섭	어머니의 선물	60~66
		특별 현상 십자말푸리	67
		편즙을 맛치고	68
사랑의 사진첩	독자중	씩씩하고 참된 소년이 됩시다	뒷표지(속)
광고		『사랑의 선물』 10판 발매	뒷표지
2대 부록		세계일주사진(삽입)	
2대 부록		어린이세상(삽입)	

제4권 제9호 통권 44호, 10월호, 1926.10.1.

표지		(정답게 웃는 두 어린이)	표지
사진		천재의 어린이 예술가 두 분-윤석중, 안병소 寫眞	표지(속)
광고		『사랑의 선물』 10판 발매	
		십자말푸리 당선 발표	

글 종류	글쓴이	제목	쪽
권두	방정환	가을, 가을의 자미	1
톨스토이 동화	몽중인	욕심장이 땅차지	2~3
상식	신영철	조선자랑(4)－천하제일 금강산	4~10
사고(社告)		(별건곤을 10월에 발행하게 되엿슴을 깃버하야 주시고)	10
		현상 토론 심판 투표 모집	11
실화	방뎡환	20년 전 학교 이약이－강제로 머리깍기든 때	12~14
상식	편즙실	이건 참 자미잇고나	15
동요	한정동	추석	16~17
가을지식	황선생	낙엽 문답	16~17
소개	일기자	가여운 병신 몸으로 바욜린의 대천재	18~25
동화	소파	천일야화－흘러간 삼남매(1)	26~28
가을지식	삼산인	나무닙이 왜 붉어지나	29
소화	신입생	깔깔소학교	30~31
탐정소설	북극성	칠칠단의 비밀(5)	32~35
실익	백남규	신긔한 산술 문제	36~37
소년토론		1회 문제　바다가 조흔가? 산이 조흔가?	38~41
실익		자습실	42~43
동화	몽견초	시골쥐의 서울구경	44~49
애국미담	정호	불란서의 소(小)용사	50~59
광고		『신여성』 10월호!!!	59
입선동요	류재덕	해바라기	60
입선동요	성석훈	별	60~61
입선동요	강옥	뻑금새	61
입선동요	이원수	가을밤	61
가을지식	최선생	가을버레	60~61
작문	승응순	가을	62
작문	김장연	소품	62
작문	최경화	잔인한 작란	62~63
작문	서덕출	새 동모	63
작문	윤정희	생일날	63
	제독자	독자담화실	64~65
		녀름특별호 현상 당선, 새 현상	66~67
		편즙을 맛치고	68
사랑의 사진첩		씩씩하고참된소년이됩시다	뒷표지(속)
광고		개벽사의 새 잡지 『별건곤』	뒷표지
부록		어린이세상(삽입)	

글 종류	글쓴이	제목	쪽

제4권 제10호 통권 45호, 특집동화호, 1926.11.15.

글 종류	글쓴이	제목	쪽
표지		(달리기 경주)	표지
		신 현상	표지(속)
광고		책 주문은 문화서관으로!	
		1회 토론심판 투표 결과, 10월호 현상 당선 발표	
동요	정지용	산에서 온 새	1
훈화	조재호	우서라!	2~3
취미	신영철	느진 가을밤에 차저오는 기럭이를 마즈면서	4~8
(동요)	등대사(社)	쪼각빗	8
상식	일기자	이건 참 자미잇고나	9
조선의 자랑	황의돈	천보뢰(千步弩)―발명자 구지내(仇珍川)	10~14
겨울과학	최윤환	서리와 눈	15
취미	백남규	신긔한 산술	16~17
실익	편즙실	자습실	18~19
탐정소설	북극성	칠칠단의 비밀(6)	20~23
	편즙실	전호 자습실 정답	24
설중미담	정호	알프스산의 눈사태(雪崩)	25~32
지상동화대회	고한승	제1석 사자와 톡기	34~36
지상동화대회	정병기	제2석 꿈꾸는 내긔	37~39
지상동화대회	깔깔박사	엉터리 병정	38~39
지상동화대회	손진태	제3석 신숭겸 장군	40~42
지상동화대회	김기전	제4석 두 심술쟁이의 소원성취	43~45
지상동화대회	정인섭	제5석 신화 『오듸써스』	46~50
		정신검사	50
지상동화대회	박달성	제6석 일적천금(一滴千金)	51~54
지상동화대회	미소	제7석 인육 재판	55~58
	老직이	재담・소화	58
야화	소파	천일야화―흘러간 삼남매	59~66
		독자담화실	67~69
작문	이정구	배를 타고	70
작문	김익순	옵바 오실 날	70~71
작문	서덕출	안병소씨께	71
		편즙을 마치고	72
사랑의 사진첩		씩씩하고 참된 소년이 됩시다	뒷표지(속)
광고		『사랑의선물』	뒷표지
2대 부록		세계일주사진(로서아치)(삽입)	

글 종류	글쓴이	제목	쪽
2대 부록		어린이세상 12호(삽입)	

제4권 제11호 통권 46호, 송년호, 1926.12.10.

표지		(표지 없음)	(낙장)
광고		『사랑의 선물』	
		전호 자습실 정답	
권두	소파	눈오는 거리	1
동화	정관수	팔색마 이약이	2~5
취미	수남이	섯달 그믐날	6~8
지식	편즙실	이건 참 자미잇고나	9
동화	연성흠	이상한 반지	10~16
동화	황복호	활대장	17~19
기행	고한승	귤 닉는 남쪽나라 제주도 이약이	20~21
	백남규	산술시험 잘 보는 법	22~26
탐정소설	북극성	칠칠단의비밀(7)	27~31
소화	신입생	깔깔소학교	32~33
야화	소파	천일야화—흘러간 삼남매	34~39
동시	한정동	가을꿈	40
동시	한정동	폐학(廢學)	41
여언	방정환	과세 잘 하십시다	40~41
동화	구정운	버리덕이의 공	42~45
기행	윤석중	눈물의 녯도읍 남한산성	46~49, 16
소년토론		제2회 문제 장님이 나으냐? 벙어리가 나으냐?	50~53
동화	장석중	아모나 못할 일	54~55
동화	유순호	선생님 코	56~59
	독자중	독자담화실	60~61
소년소설	문인암	야구 빵장사	62~72
사랑의 사진첩		씩씩하고 참된 소년이 됩시다	뒷표지(속)
광고		『별건곤』 12월호	뒷표지
2대 부록		어린이세상 12호(삽입)	
2대 부록		세계일주사진(조선)(삽입)	

제5권 제1호 통권 47호, 1927.1.1.

표지		(화병의 장미 꽃다발)	표지
사진		방정환, 고한승, 진장섭(寫眞)	표지(속)
광고		『세계일주동화집』, 「말판」 가지고 노는 법, 『사랑의선물』 10판	

글 종류	글쓴이	제목	쪽
동요	한정동	톡기	1
새해 첫아츰에	최두선	(여러분은 이제 새해를)	2~3
새해 첫아츰에	김형배	(남에게 지지 아니하도록)	3~4
새해 첫아츰에	조동식	(남의 잘못을 꾸짓기는 너그럽게 하고)	4
새해 첫아츰에	이성환	꼭 알아야 할 네 가지	4~5
새해 첫아츰에	최명환	(나는 새해를 마지한 이 때에)	5
해 첫 아츰에	박영희	「올흔 것」을 위하야	5
어린이독본	방정환	제1과 한 자 압서라	6~9
사담	황의돈	울기 잘하던 「평강공주」	10~12
		이건 참 자미잇고나	12
동화	최진순	톡기의 지혜	13~16
알림		(자미잇기로 천하제일–천일야화 방선생)	16
활동만화		대희활극 로이도의 독갑이잡기	17~18, 25
만화(漫話)	박달성	새해 첫 망신	19~21
인도동화	고한승	톡기의 꾀	20~21
세계 각국 소년 이약이	이정섭	친절 쾌활한 불란서어린이	22~23
세계 각국 소년 이약이	정석태	직심셩이 만흔 독일어린이	23~24
		10월 현상 당선 발표	24
		깔깔소학교	26~27
소개	손진태	동경 잇는 조선 아희들	28~31
주의		부록 안내	31
동화	정병기	천리안 박사	32~35
알림		(불허가 작품「신나는 깡깡이」–진장섭, 「로서아 삐오네르」–일기자)	35
신년과학	삼산인	톡기(兎)	36~37
알림		칠칠단의 비밀 게재 안내	37
	백남규	산술시험 잘 보는 법(2)	38~41
동화극	정인섭	여호의 목숨	42~46
창작동화	마해송	소년특사	47~54
	연호생	신긔하고 자미잇는 세계 각국의 정월 노리	55~59
입선동요	천정철	시골길	60
입선동요	김장연	달팽이	60
입선동요	백합화	무명초	60
입선동요	임동혁	송사리	60
입선동요	최순애	가을	61
입선동요	황덕출	저녁한울	61
입선동요	이동호	방게	61
입선동요	이원수	섯달 금음밤	61

글 종류	글쓴이	제목	쪽
		새해인사	60~61
통신	독자중	독자담화실	62~63
		신년 3대 현상	64
광고		『별건곤』 신년호	뒷표지(속)
	방정환(寫眞)	현상	뒷표지
제1부록 어린이세상	신영철	정월 초승(일기)	
제1부록 어린이세상	깔깔박사	이약이거리와 소화	
제1부록 어린이세상	편집인	새해 아츰부터	
제1부록 어린이세상	최선생	신년 산술 유희	
제1부록 어린이세상	황선생	정월 실내 유희	
제1부록 어린이세상	미소	꿈(대화극)	
제1부록 어린이세상	토서방	새해 운수 보기	
제1부록 어린이세상	김정연	기자의 신년 신수	
특별대부록		『어린이 출세』 말판(삽입)	

제5권 제2호 통권 48호, 1927.2.1.

표지		(한복 입은 소녀들)	표지
		두 가지 대현상, 『세계일주동화집』, 조선동화 『우리동무』	표지(속)
동요	윤극영 작가, 작곡	옥토끼 노래(악보)	1
훈화	김학석	두 가지 생각할 일	2~3, 16
어린이독본	방정환	제2과 적은 용사	4~8
명화	윤복진	유용한 눈	9
동화	버들쇠	정월대보름 약밥의 이약이	10~16
과학지식	삼산인	땅덩이(大地)의 온도(溫度)	17~19
동화	이성진	근심 업는 사람	20~23
알림		금일봉 목포 이성만 씨	23
소화	신입생	깔깔소학교	24~25
	백남규	산술시험 잘 보는 법	26~27
소화	신영철	게도 구럭도 다 노첫네	28
실화	박달성	쌀 열 섬·소 하나	28~29
실화	차상찬	요강 우에 안저서	30
소화	방정환	작년에 한 말	31
탐정소설	북극성	칠칠단의 비밀(8)	32~38

글 종류	글쓴이	제목	쪽
동화극	신고송	꾀바른 톡기	39~41
소년미담	몽견초	동무를 위하야	42~49
		이건 참 자미잇고나	49
애국미담	정호	비통한 최후	50~56
취미	일기자	신긔한 요술	57
작문	박응삼	해를 보내고 마즈며	58
작문	이정구	겨울날 밤	58~59
작문	추광(秋光)	슯흔 크리스마스	59
작문	황문선	글 못 읽는 밤	59
		독자담화실	60~61
		제2회 토론심판 투표결과, 구두 현상 당선 발표	62
광고		『수리계』독자여러분께	63
		독자 여러분께	64
		동물 경쟁 말판 노는 법	뒷표지(속)
광고		『별건곤』 2월호	뒷표지
부록신문		어린이세상 15호(삽입)	
특별부록		동물 경쟁 말판(삽입)	

제5권 제3호 통권 49호, 창간4주년기념호, 1927.3.1.

표지		(경성중앙유치원5살아기들)	표지
		삼색 사진서표, 4주년 기념 축하회 입장권	표지(속)
광고		『사랑의 선물』, 『무지개』	
권두		창간4주년기념일에	1
어린이독본	방정환	제3과 두 가지 마음성	2~5
조선의 자랑	신영철	이충무공과 거북선(龜船)	6~11
		현상문모집－1.나의소원 1.내마음대로된다면	11
아라비아 야화	김정	외쪽눈 왕자	12~17
동시	한정동	강촌의 봄	18~19
이태리 동화	고한승(역)	재판장의 빨간코	18~19
명화	삼산인	몸에 지닌 추천장	20~21
소년토론		물이나은가불이나은가	22~25
탐정소설	북극성	칠칠단의 비밀(9)	26~30, 17
한글난	편집실	제일 가는 놈	31
소화	박달성	빰은 마저도 돈 10전	32~33
입학란		입학시험 전날, 당일에 주의할 열 가지	32~33
	백남규	예습산술시험현상결과발표	34~36
흥미	채봉남	우습고 신긔한 수수꺽기 산출 두 가지	37

글 종류	글쓴이	제목	쪽
학생소설	몽견초	만년샤쓰	38~44
지식	일기자	이건 참 자미잇고나	45
입학란		입학시험 준비 합격할 수 있는 방법 열 가지	45
연작소설	마해송(寫眞)	5인동무—제1회 결의남매	46~50
애국미담	정호	이태리의 용소년(1)	51~59
		2월호 현상 당선 발표	59
어린이를닑을때의 늣김	한규호	(내가 『어린이』를 읽기 시작하기는 작년 봄브터)	60
어린이를닑을때의 늣김	이제곤	(『어린이』가 출생하야 크게 발전되여)	60~61
어린이를닑을때의 늣김	안시원	(나는 우리 고국을 멀니 떠나 남의 나라에서)	61
어린이를닑을때의 늣김	오인영	(가난하고 쓸쓸한 시골 구석에서)	61
	독자중	독자담화실	62~63
		편즙을 맛치고	64
사랑의 사진첩		씩씩하고 참된 소년이 됩시다	뒷표지(속)
광고		『별건곤』 3월호	뒷표지
2대 부록		삼색 사진 시간표(삽입)	
2대 부록		어린이세상 3월호(삽입)	

제5권 제4호 통권 50호, 봄마지호, 1927.4.1.

표지		(두 팔을 벌려 들에서 춤추는 소녀)	표지
		양복대현상!!	표지(속)
광고		『사랑의 선물』, 『무지개』	
동요		봄!	1
취미	박연호	봄! 봄!!	2~5
어린이독본	방정환	제4과 참된 동정	6~9
훈화	김남주	보통학교를 맛추고 무엇을 할까?	10~14
지식	일기자	이건 참 자미잇고나	14
한글난	편집실	남잡이 저잡이	15
봄과학	천선생	제비(燕)	16~17
새지식		궁금풀이 과외 이과	18
새지식		세계 제일 과외 지리	19
동화	미소	처녀와 요술할멈	20~27
광고		신간소개 『우리동무』	27
산술	백남규	중요한 산술 응용 문제의 정해	28~31
소화	세권(勢拳)	코된 발고락	32
봄유희	안평원	풀(草) 싸홈	32

글 종류	글쓴이	제목	쪽
학생소설	몽견초	1+1=?	33~37
동화	남주	의조흔 두 형뎨	38~40
소화	박달성	망신 대 망신	41~42
자미잇는 이약이	이정호	말 안 하는 왕녀	43~51
역사		세계의 유명한 위인 신분 조사	52, 42
연작소설	고한승	5인 동무－제2회 순희는 어듸로?	53~59
광고		신간 발매 창작동화동요 『무지개』	59
사실미담	이근정	쪽제비의 지혜	60
입선동요	신고송	진달네	61
입선동요	신고송	봄소리	61~62
입선동요	최영은	갈닙배	62
입선동요	지수룡	마차	62
이소식 저소식		새싹회를 글동무회로, 별나라사의 1주년 기념사업	61~62
출세미담		고양이 한 머리로 벼슬한 이약이	63
		독자담화실	64~65
	정호	편즙을 맛치고	65
사랑의 사진첩		씩씩하고 참된 소년이 됩시다 최순애 외(寫眞)	뒷표지(속)
광고		『별건곤』 4월호	뒷표지
2대 부록		어린이세상 4월호(삽입)	
2대 부록		세계일주 사진화보(삽입)	

제5권 제5호 통권 51호, 5·6월호, 1927.6.1.

표지		(최승희 포함 여자 어린이 넷이서 장님놀이하는 사진)	표지
		3대 현상	표지(속)
광고		이문당, 『세계일주』, 『무지개』	
		제3회 토론심판 투표 결과, 4월 양복현상 당선 발표	
권두	편집인	첫녀름	1
동화	연성흠	욕심쟁이 스님	2~6
어린이독본	방정환	제5과 소년 고수	7~10
과학	천응규	꿀벌(蜜蜂) 이약이	11~13
취미	서범석	비행긔 타 본 이약이	14~15
(동시)	지용	해바락이씨	16~17
취미	삼봉	옵바의 일기책	16~17
탐정소설	북극성	칠칠단의 비밀(10)	18~23
소년소설	허문일	숨은 명예	24~28
실익	백남규	산술공부할 때의 주의	29~31
기담	소파	천일야화 아리바바와 도적	32~38

글 종류	글쓴이	제목	쪽
동화극	정인섭	마음의 안경	39~43
		깔깔소학교	44~45
연작소설	조재호(寫眞)	5인 동무—제3회 타관의 고생사리	46~49
우정미화	김남주	황금반지	50~53
애국미담	정호	충렬의 소용사	54~58
상식	일기자	이건 참 자미잇고나	58
자미잇는 이약이	진장섭	생명수	59~67
입선동요	삼봉(三峯)	물ㅅ새	68
입선동요	송순일	엄지소	69
동요	김만태	고향집	69
		3월 발표 현상 당선	68~69
	독자중	독자담화실	70~71
	방(方)	편즙실에서	72
사랑의 사진첩		씩씩하고 참된 소년이 됩시다	뒷표지(속)
광고		별건곤 5,6월호	뒷표지
2대 부록		어린이세상 6월호(삽입)	
2대 부록		「세계 기습(奇習)」 사진화보(삽입)	

제5권 제6호 통권 52호, 하기방학호, 1927.7.22.

표지			(낙장)
		대현상(상식시험)	
광고		『세계일주동화집』, 창작동화동화극집 『무지개』	
우화	류광렬(역)	말승량이와 개	1
동화	연성흠	가엽슨 바둑이	2~6
소설	정리경	파듀아의 소년애국자	7~9
조선의 자랑	김진구	도량 · 재조 · 담력! 자랑	10~14
실익	백남규	산술 이약이	15
사담	신영철	고려충신 정포은(鄭圃隱) 선생과 어머니	16~19
연작소설	진장섭	5인 동무—제4회 의외의 편지 두 장	20~24
알림		독자께	24
애국미담	이정호	이태리의 용소년(2)	25~31
		깔깔소학교	32~33
기담	소파	천일야화 아리바바와 도적	34~40
탐정소설	북극성	칠칠단의 비밀(11)	41~47, 14
작문	채봉남	슯흔 밤	48
작문	김호월	녀름이 왓다	48
작문	지수룡	나는 고양이다	48~49

글 종류	글쓴이	제목	쪽
작문	주봉출	배곱흔 사람	49
작문교실	최선생	제1석 방학 중의 편지	50~52
소년과학	심형필	제3석 월세계 여행 만유인력 이약이	53~55, 6
입선동요	전병덕	딴나라	56~57
입선동요	이원수	비누풍선	57~58
입선동요	고영직	시냇물	58
입선동요	김덕환	바람	58~59
입선동요	승성실	해당화	59~60
동화	허문일	제4석 꾀나는 걸상	56~58
하기과학	동원민	비오는 이치와 장마지는 이치	58~60
녀름지식	천응규	제6석 방학동안의 소년위생	61~63
우애미담	박연호	아우의 집팽이	64~66
소년대화극	청화생	방학여행	67~72
		편즙실 이약이	뒷표지(속)
신동요		우리집 꼿밧	뒤표지
2대 부록		어린이세상 19호(삽입)	
2대 부록		「세계 기습(奇習)」 사진화보(삽입)	

제5권 제7호 통권 53호, 10월호, 1927.10.1.

표지		(과일과 두 소녀)	표지
		대현상, 토론승부 심판투표(현상)	표지(속)
광고		『세계일주동화집』, 창작동화동화극집 『무지개』	
		6월호 현상 당선 발표, 하기 방학호 현상당선 발표	
동요	윤극영	새떼(악보)	1
편지	효산(曉山)	가을은 왓다	2~4
조선자랑	김진구	도량·재조·담력! 자랑	5~9, 14
명화(名話)	정리경	파선(破船)	10~14
상식	일기자	이건 참 자미잇고나	15
사담	신영철	정몽주 선생 이약이	16~20
천일야화	소파	아리바바와 도적(2)	21~25
소년토론		사업을 성취하는 데는 지혜가 중한가 성근이 중한가	26~29
감상	김남주	닛지 못하는 소년소녀들	30~33
우화	유광렬	신실한 친구	33
동화	윤영식	작란꾼 「톰쇠」	34~37
		깔깔소학교	38~39
소년소설	연성흠	눈물의 은메달	40~44
연작소설	손진태	5인 동무—제5회 순희는 다시 어듸로?	45~54

글 종류	글쓴이	제목	쪽
탐정소설	북극성	칠칠단의 비밀(12)	55~61
미담	정호	혈염의 홍의(이태리 용소년의 종편)	62~69
입선작문	조영규	싀골의 밤	70
입선작문	박두인	새벽	70
입선작문	이정구	나무우엣 오후	70~71
입선작문	전성칠	고향	71
	독자중	독자담화실	72~73
		편즙실에서	74
사랑의 사진첩		씩씩하고 참된 소년이 됩시다 이원수 외(寫眞)	뒷표지(속)
광고		『별건곤』 10월호	뒷표지
2대부록		어린이세상 10월호(삽입)	
2대부록		삼색판 인쇄 미술사진(삽입)	

제5권 제8호 통권 54호, 12월송년월호, 1927.12.1.

표지		(그림 앞에 소녀)	표지
광고		(책 주문은 문화서관)	표지(속)
광고		입학시험문제 모범해답, 『황금새』, 『바다색시』	
훈화	김기전	다갓치 생각해 봅시다	1
어린이독본	방정환	제6과 너그러운 마음	2~5
지리	신영철	조선은 어느 곳에 잇는가?	6~9
감상	김명호	농촌어린이들에게	10~11
전설	고한승	원한의 화살	12~16
동화	유광렬	「촌농군」과 「곰」	17
동요	한정동	기다림	20~21
상식	천응규	서리와 식물	20~21, 33
신동화	홍은성	배부른 病	22~25
동화	진장섭	이십 냥과 백 냥	26~27
상식	일기자	이건 참 자미잇고나	27
미담	이정호	어머니를 위하야	28~33
취미	차상찬	동물의 세계	34~35
자미잇는 이약이	방정환	편지소동	36~39, 16
산술교실	백남규	수수꺽기 산술	40~41
과학문답	삼산인	소리는 어데서 나나	42~44
취미	노직이	말 잘 하는 재판	44
		10월호 현상당선 발표, 제4회 토론심판 투표 결과	45
탐정소설	북극성	칠칠단의비밀(13)	46~51
대화극	연호당	도적과 현인	52~56

글 종류	글쓴이	제목	쪽
연작소설	정인섭	5인 동무—제6회 꿈인가? 참인가?	57~67
		편즙을 맛치고	68
사랑의 사진첩		씩씩하고 참된 소년이 됩시다 D1502	뒷표지(속)
광고		『별건곤』 12월호	뒷표지
부록		어린이세상(삽입)	

제6권 제1호 통권 55호, 무진신년호, 1928.1.20.

표지		(표지 없음)	(낙장)
부록		『명산대천말판』 노는법, 12월호 현상당선 발표, 1월호현상	
훈화	이돈화	어린이와 어른	1
어린이독본	방정환	제7과 어린이의 노래	2~4
신동화	홍은성	엽부의 꿈	5~7
소개	삼산인	소년감화원 이약이	8~10
		떡을 구으면	11
지리	신영철	조선의 잇는 곳	12~17
알림		당신은, 당신은	17
상식	이정희(寫眞)	비행기를 타고 구름나라로	18~20
과학지식	최창덕	용(龍)! 용 이약이	21~23
체육	권대장	아츰 5분 운동법	24~25
새해 새부탁	박팔양	새로 듸리는 세 가지 부탁	26~27
새해 새부탁	이성환	안으로 · 밧그로	27~28
새해 새부탁	김기진	복종할 줄 압시다	28
새해 새부탁	김동환	상무적(尙武的) 소년이 되라	29~30
새해 새부탁	조기간	엇져면 조흘가	30~31
동요	한정동	설날 아츰, 반달	30
취미	유도순	눈사람의 일기	32~33
상식	가람	조선말 아닌 조선말	32~33
소설	송영	쫏겨가신 선생님	34~38
과학지식	심형필	텬디 개벽	39~41
동화	연성흠	이상한 열매	42~45, 23
과학지식	천응규	인어란 무엇인가	46~47
광고		2월호 안내	47
수공	노직이	만년력 맨드는 법	48~50
여흥	옷둑이	신긔한 기술 닭알 요술	51
훈화	민영순	산 떡국과 죽은 떡국	52~53
강화	박달성	됴선 소년은 무엇을 됴와하는가	54~55
실화	유광렬	외지에서 맛난 조선소년	56~57

글 종류	글쓴이	제목	쪽
알림		대현상, 대부록	57
우화	손진태	섯달 금음날 밤	58~59
동요	이구.정인섭(합작)	겨을밤	58~59
일화	김진구	납평새와 세배똥	60~61
미담	고한승	라인강까의 형제	62~63, 65
전설동화	김영환	이상한 콩나무	64~65
아동극		황금왕 1막	66~69
		새해호를 맛치고	70

제6권 제2호 통권 56호, 창간5주년기념호, 1928.3.20.

표지		(표지 없음)	표지
광고		이문당, 문화서관, 조선도서주식회사	
사고(社告)		어린이를 사랑하시는 동모들께 고합니다	1
일기	김남주	봄소식	2~6
훈화	김명호	다시금 농촌 소년에게	7~9
지식	신영철	조선지리(3)	10~13, 17
동화	연성흠	어리석은 이의 꾀	14~17
미담	이정호	보드라운 애정	18~21
상식		이것 참 자미잇고나!	21
소설	송영	엇던 나무꾼 아해의 일생	22~25
알림		삭제당한 글	25
이과담	김한	악어와 악어새 이약이	26~27
동화	홍은성	이상한 보배	28~31
알림		『5인동무』 시초 이약이	31
		깔깔소학교	32~33
동화	김태오	해ㅅ님의 황금수레	34~37
취미	방정환	나의 어릴 때 이약이	38~41
사고(謝告)	일기자	(5주년 긔념선물이 늦어져)	41
우화	삼산인	우리 뒤에 숨은 힘	42~44
취미	일기자	게으른 경쟁	42~43
현상		장학금 제공 대현상	45
1인1화	김영환	학자님의 꾀	46~47
1인1화	방정환	선생님 말슴	47~48
1인1화	김상열	잘먹은 갑	48~49
1인1화	박달성	더러운 소리	49
아동극	미소(微笑)	엉터리 조각가	50~56
연작소설	최진순(寫眞)	5인동무–제7회 북해도벌판에서	57~66
알림	정인섭	모집–이 책 것장 표지그림을 보고 동요지어 보내기–	67

글 종류	글쓴이	제목	쪽
		신년호 현상 당선발표	67
		편즙을 맛치고	68

제6권 제3호 통권 57호, 5·6월합호, 1928.5.20.

표지		(꽃밭에 아기 천사)	표지
광고		장학 대현상, 『세계일주동화집』, 문화서관	표지(속)
사고(社告)		이 책을 기다려주신 동무들께	1
동화	김순정	팔각보	2~5
동화	이원수	어엽븐 금방울	6~7
소년소설	윤영식	영희의 죽엄	8~10
동화	김명선	새매의 꾀	11~12
기행	윤석중	거륵한 힘과 꿋꿋한 마음—관악산 연주대	13~16, 19
동화	윤용순	불상한 톡기	17~19
이과	삼산인	움 돗는 화분	20
미담	이원배	보이지 안는 복주머니	21
우리들의 하소연과 요구	승응순	세 가지 나의 요구	22~24
우리들의 하소연과 요구	신고송	멀리 가게신 형님에게	24~25
우리들의 하소연과 요구	이정구	욱박질느지만 말고 좀더 자유롭게	26~27
낫쳐지지 안는 어릴 때 생각	이익상(寫眞)	백모님과 싸호고	28~29
낫쳐지지 안는 어릴 때 생각	연성흠(寫眞)	글 못외여 오줌싸고	29~30
낫쳐지지 안는 어릴 때 생각	김여수(寫眞)	싀골의 여름밤과 옛날 이약이	30~32
낫쳐지지 안는 어릴 때 생각	최승일(寫眞)	누님의 죽엄	32~33
낫쳐지지 안는 어릴 때 생각	이성환(寫眞)	열두 살에 장가들든 일	34
낫쳐지지 안는 어릴 때 생각	김홍식(寫眞)	운동하려 머리 깍고	35
세계 어린이 생활	이성용(寫眞)	독일의 어린이 생활	36~39
세계 어린이 생활	이긍종(寫眞)	미국 어린이들의 생활	39~41
세계 어린이 생활	이정섭(寫眞)	불란서 어린이의 생활	42~43
취미	방정환	나의 어렷슬 때	44~46
감상	정인섭	고향의 봄이 그리워	47~49, 27
지식	신영철	조선지리(4) 조선의 면적과 지세	50~54
동화	김명호	복남이와 까치	55~58
사고(謝告)		(어린이날호 특별 편즙이 압수당하고)	58
동화	연성흠	이상한 배(舟)	59~65

글 종류	글쓴이	제목	쪽
알림		부록 그림 쓰는법 설명	65
입사 첫인사	최경화(寫眞)	(지상으로만 만히 낫닉은 여러분!)	66
	손성엽(寫眞)	(『어린이社』의 영창문 밧게 키다리 당버들나무 장군이)	67
	최의순(寫眞)	(나는 싹트고 꽃피는 아름다운 봄을)	67
	方	편즙실에서	68
사랑의 사진첩		씩씩하고 참된 소년이 됩시다	뒷표지(속)
광고		조선자랑호	뒷표지

제6권 제4호 통권 58호, 하기방학호, 1928.7.20.

표지		(풍선을 들고 있는 어른)	표지
		특별 사생화 모집, 만년필 주는 현상	표지(속)
광고		어문당, 문화서관	
동요	유도순	조희배	1
취미	김남주	어렷슬 때의 일기	2~4
어린이독본	방정환	제7과 뛰어난 신의	5~10
전설	신명균	경주 석굴암 이약이	11~13
알림		(미소씨의 「마리의 기계(奇計)」 전문 삭제), 9월호특별기사 예고	13
세계의 어린이 생활(2)	삼산인	영국의 어린이생활	14~17
알림		「로서아의 어린이 생활」 삭제	17
미화	고한승	무사와 공주	18~22
과학	심형필	어름산 이약이	23~25
그림	안석영	씨 뿌리던 아가씨	25
여름방학에 권고하고 싶은것	김동혁	적은 동식물의 연구	26~31
여름방학에 권고하고 싶은것	김한	임간(林間)으로! 야원으로!	31~34
여름철에 권고하고 싶은것	유홍종	특별보위(保胃)법	35~36
여름철에 권고하고 싶은것	김인순	심신을 건강케 하라	36~38
그림	노심산	물동이 니고 가는 애기씨	38
감상	최경화	시골 사람의 서울구경	39~41
소녀소설	최의순	옥점이의 마조막 하소연	42~49
특고		(원고 압수를 당하고)	49
유희	백월(白月)	이과유희 몃 가지	50~51
그림	이청전(李靑田)	닛처지지 안는 소년소녀	51
지식	신영철	조선지리(5) 조선의 바다와 섬	52~57
그림	장발	닛처지지 안는 소년소녀	57
동화	연성흠	부처님의 재채기	58~62

글 종류	글쓴이	제목	쪽
방학희가극	경화(鏡花)	음악 선생	63~67
	李	편즙을 맛치고	68
사랑의 사진첩		씩씩하고 참된 소년이 됩시다	뒷표지(속)
광고		『별건곤』 7월호	뒷표지
부록		어린이세상(삽입)	

제6권 제5호 통권 59호, 9월호, 1928.9.20.

표지		(곤충채집)	표지
		현상공고, 세계에 일홈난 잡지 『어린이』, 7,8월호 현상 정답 발표	표지(속)
동요	유도순	개똥벌네	1
훈화	미소	가을과 소년	2~3
어린이 독본	방정환	제8과 시간 갑	4~7
	김기전	가을의 자연-가을의 등불	8~9
	이성환	수확의 만코 적은 심판기	9~10
	주요한	새 가을 세 가지 약속	10
	김팔봉	자기 스사로의 수련	10~11
	김영팔	애수적 감각을 바리고	11
소개	이서구	일본 비행대회에 우승한 조선 소녀 비행가(寫眞)	12~13
동화	청천강인	무희 공작	14~16, 67
역사	최진순	병인양요 이약이	17~21
이과	천응규	버레나라의 음악회	22~23
취미	박달성	추석	24~25
지식	삼산인	제비와 기럭이	24~25
취미	김동혁	가을꼿 이약이	26~28
세계의 어린이 생활(3)	진장섭	일본의 어린이 생활	29~31
광고		양재응의 창작동화집 『밤의 우는새』	32
토론		제5회 우리의 생활에는 봄이 조흔가? 가을이 조흔가?	32~35
지리	신영철	조선지리(6) 조선의 조류와 기후	36~39
실익	이성용	가을의 새 과실	40~41,53
산술	임창순	시간과 시각	42~43
유희	백월	소녀이과 유희	42~43
가을을 즐기는 법	김남극	가을맛은 야외에	44
가을을 즐기는 법	윤극영	가을맛은 조용히 볼 것	45
가을을 즐기는 법	진장섭	음향의 세계	45~46
가을을 즐기는 법	이익상	보고 생각하는 데서	46
가을을 즐기는 법	유도순	산과 두던에 올나	47

글 종류	글쓴이	제목	쪽
소녀애화	최경화	동무와 잡지와 떡	48~53
감상	백월	밤주러 갓슬 때	54
감상	조봉진	신도복사 먹든 때	54
감상	이경자	콩 구어 먹기	55
소설	정병기	5인 동무—제8회 반가운 소식	56~60
알림	이정호	(이정호씨의 장편미담 「님아 한번 맹세한 바에야」 초회 전문 삭제)	60
통쾌미담	이정호	범수의 복수	61~67
알림		(홍은성씨 동화 「병아리의 죽음」—전문 삭제)	66
	이(李)	남은 말슴	68
사랑의 사진첩		씩씩하고 참된 소년이 됩시다	뒷표지(속)
광고		『별건곤』	뒷표지
부록		어린이세상(삽입)	

제6권 제6호 통권 60호, 세계아동예술전람회 기념특집호, 1928.10.20.

표지		만국긔 세게 어린이 던람회	(표지)
		특별 사생화 모집, 양복 주는 신현상	표지(속)
광고		『학생서한』, 『산술문제집』	
동요	서석파	눈뜨는 가을	1
인사 말슴	방정환	세계아동예술전람회를 열면서	2~3
가을 과학	천응규	바람과 그 이해	4~5, 31
어린이독본	방정환	제9과 세계일가	6~9
세계특선 아동독물	차상찬(역)	혹부리 색씨(중국)	10~12
세계특선 아동독물	이정호(역)	전쟁과 평화(인도)	13~16
동요	이하윤(역)	꿈노래(영국)	16
전람회 강화(1)	안석주	그림의 생명과 그 가치—자유화—	17~19
세계특선 아동독물	이구(역)	파리에 온 흑인종	20~21
	李	편즙을 맛추고	20~21
세계특선 아동독물	고한승(역)	꼽추 이약이(독일)	22~24
세계특선 아동독물	신영철(역)	새 집 헐은 아이들(로서아)	25
전람회 강화(2)	연성흠	수공 독창뎍 작품과 그 효과	26~27
세계특선 아동독물	손우성(역)	어리석은 늑대 삼형제(불란서)	28~31
세계특선 아동독물	약산학인(역)	내 고향의 두던 예찬(이태리)	32~33
전람회 강화(3)	박성환	자수 바늘끗 하나의 위력	34~36
특고		재래동요 모집	36

글 종류	글쓴이	제목	쪽
세계특선 아동독물	이형우(역)	익살쟁이 『삼미』(영국)	37~39
		표지 만국기 설명	39
세계특선 아동독물	유도순(역)	목장의 아츰(白耳義벨기에)	40~41
세계특선 아동독물	미소생(微笑生)(역)	한 목음의 물(西班牙스페인)	42~46
세계특선 아동독물	서정권(역)	닐허버린 간(土耳其터키)	47~49
전람회 강화(4)	정인섭	인형극과 가면극	50~53
알림		(옛날 동요를 크게 모집합니다)	53
세계특선 아동독물	최경화(역)	『밋츠키』와 떡(미국)	54~56
세계특선 아동독물	손성엽(역)	콩눈섭(일본)	57~59
알림		세계특선아동독물 2편 삭제	59
미담	몽견초(寫眞)	눈물의 작품	60~67
		9월 현상 발표	68
사랑의 사진첩		씩씩하고 참된 소년이 됩시다	뒷표지(속)
광고		『별건곤』 창간 2주년 기념호	뒷표지
부록		어린이세상(삽입)	

제6권 제7호 통권 61호, 12월 송년호, 1928.12.20.

표지		(앵무새)	표지
		새현상 문제	표지(속)
광고		이문당(광고), 새잡지 『학생』 창간 예고	
권두	편집인	겨을과 년말	1
훈화	이성환, 방정환	겨을방학에 무엇을 할가!	2~5
특고		재래동요 모집	5
취미	김명호	모험 답사기	6~9
어린이독본	방정환	제10과 고아 형제	10~14
동화	연성흠	못난 쇠돌이	15~20
사화	차상찬	병자호란과 임경업 장군	21~25
알림		(삭제3편)	25
동화	조재호	욕심쟁이와 곰	26~27
동화	백추(白萩)	어린이나라(왕국)	28~32
과학	삼산인	즘생도 말을 합니다	33~36
소품	유도순	설경점상(雪景點相)	37~38
미담	경화생	테세우스	39~42
소녀소설	백시라	곡마단의 두 소녀	43~47

글 종류	글쓴이	제목	쪽
과학	미소생	과물과 종자의 여행기	48~53
알림		신년호 예고—몽견초 소설, 지난 달에 잘못된 것	53
자미잇는 이약이	심형필	들쥐의 권리	54~57
알림		(북극성 선생 탐정소설 『소년삼태성』)	57
동시	윤석중	집 보는 아기 노래	58~59
동시	장효섭	목탁조	59
유희	백시라	소녀유희 3종	58~59
여행기	윤석중	나그네 『색상자』	60~66
사고		특별보고	66
		전람회 기념호 현상 발표	67
	편즙실급사	편집실 이약이	68
사랑의 사진첩		씩씩하고 참된 소년이 됩시다	뒷표지(속)
광고		『별건곤』 창간 2주년 기념호	뒷표지
부록		어린이세상(삽입)	

제7권 제1호 통권 62호, 신년특별호, 1929.1.20.

표지		(바다 위 배에 어린이 두 명 그림)	표지
		신년 특별 대현상	표지(속)
알림		독자작품 특별 대모집, 산술강화회, 12월호 현상 발표, 13도 고적탐승 말판 노는 법	
동요	한정동	설님!	1
선언	방정환	새해 두 말슴	2~3
	방정환, 정순철, 고한승	지상연하장	4
	안석주, 한정동, 이정호, 깔깔박사	지상연하장	5
지식		어느 해 엇더케 되엿나—경복궁, 남대문, 탑동공원, 인경전, 기독교청년회관, 천도교당(사진)	6~7
동요	이구(李求)	눈 오시는 밤	8~9
명화(名話)	박달성	죽은 배암도 천대 못한다	8~11
동요	이구	녯날녯적 한 녕감	10~11
소년사진소설	몽견초	금시계(1)	12~15, 23
미화	박승진	충견 뽀비—의 이약이	16~18
실익	김기전	벽에 써 부치고 실행할 것	17
제일 즐겁든 정월	조남영	옷과 밥을 주든 때	19
제일 즐겁든 정월	송갑순	첫날 편지	19
제일 즐겁든 정월	백삼기	원숭이와 놀든 설	19
내가 지금 14,5세면	김팔봉	외국으로	20

글 종류	글쓴이	제목	쪽
내가 지금 14,5세면	이성환	후회없는 노력	20~21
내가 지금 14,5세면	김남주	조선 · 과학	21
내가 지금 14,5세면	방정환	외따른 선생님	22
내가 지금 14,5세면	최의순	생긔 만흔 시골서	23
알림	최진순	홍경래 이약이(삭제)	22
이과	천응규	배암(蛇) 이약이	24~25
소년소설	이태준	어린 수문장	26~29
수학	백남규	산술창가 이약이	30~31
취미	류광렬	우리들의 넷날설	32~36
알림		요다음 2월호에	36
명화(名話)	미소	『이솝프』의 지혜	37~40
탐정소설	북극성	소년 삼태성(1)	41~46
실익	송진우	벽에 써붓치고 실행할 것	45
알림		어린이 지상신년대회 순서(1석~8석)	47
훈화	조재호	1.사람과 즘생	48~49
동화	연성흠	2.먹으면 죽는 사탕	50~51
기담	윤백남	3.외눈깔촌	52~53
소화	깔깔박사	4.뼈하고 가죽하고	54
재담	웃둑이	5.적은사람. 큰사람	55
야담	김진구	6.오성과 한음 이약이	56~58
알림		(삭제 2편 백두산 자랑—신영철, 정의의 화살—이정호)	58
동화	백시라	7.끗업는 이약이	59
여흥	깔깔소학생	만복깔깔래	60~61
여흥	방삼길	정월초승 망신한 이약이 : 작난감 때믄	62
여흥	창보	정월초승 망신한 이약이 : 좁은 탓으로	62
여흥	현창식	정월초승 망신한 이약이 : 나도 모르고	62~63
여흥	윤영희	정월초승 망신한 이약이 : 사서한 망신	63
여흥	방원규	정월초승 망신한 이약이 : 새색씨 망신	63
소년대화	경화	딴청 잘하는 당손이	64~66
우화	고한승	8.여호와 고양이	64~65
기술	백시라	아모나하기 쉬운 요술 기술(奇術)! 기술!	67
	方, 李	편즙을 맛치고	68
사랑의 사진첩		씩씩하고 참된 소년이 됩시다	뒷표지(속)
광고		『별건곤』 신년특대호	뒷표지
특별부록		조선13도 고적순례말판(삽입)	

제7권 제2호 통권 63호, 1929.2.20.

글 종류	글쓴이	제목	쪽
표지		(양을 안고 있는 서양 소녀)	표지
		녀름 양복 한 벌 거저주는 특별대현상	표지(속)
알림		독자작품 특별 대모집	
광고		자성당서점, 문화서관	
동요	한정동	이른 봄	1
일기	김기전	아버지의 일기	2~4
어린이독본	방정환	제11과 동정	5~7
지식		어느 해 엇더케 되엿나—천주교당, 장충단, 우정국, 세검정, 경회루, 독립문(사진)	8~9
과학	천응규	나무의 싹은 언제부터 트이나	10~11
상식	전진극	겨울에 알어둘 지식	10~11
소년사진소설	몽견초	금시계(2)	12~15
지식	심형필	음력과 양력은 왜 달른가	16~20
전설	미소생	매화꼿 이약이	21~24
동화	연성흠	이상한 집	25~27
동요	장효섭	닥근 콩 고소—고소, 바람	28~29
수학	백남규	노래 부르는 중에 저절로 풀어지는 산술	28~29
소년수공	삼산인	최신식 팽이 맨드는 법	30~31
역사	차상찬	정포은과 이율곡	32~36
알림		『별건곤』 2월호에 5백원 대현상	36
미담	정호(靜湖)생	유리병과 노예의 생명	37~38
		특별부록 「금강(金剛)껨」 노는 법	39
정월유희	일기자	남의 나이 맛처내기	40~41
우화	최근당	도야지의 재판	40~41
사실미담	최경화	족고만 어머니—고향의 동생들에게—	42~43
소설	이태준	불상한 소년 미술가	44~45
동화	청우생	삼형제의 재조내기	46~47
이과	삼산인	자미잇고 유익한 유희 몃 가지	48~49
사실미화	최신복	아름다운 마음	50~51
일화		책상 밋해서 배운 공부, 70년 두고 타는 불, 짝달이나라 사람	50~51
몃살때부터 시작하엿나	안석주	사람과 동물의 특증을 발견한 것이	52~53
몃살때부터 시작하엿나	서상천	어렷슬때 몸이 허약하엿든 것이	53~54
몃살때부터 시작하엿나	김돈희	아버지의 글씨 흉내를 낸 것이	55

글 종류	글쓴이	제목	쪽
몇살때부터 시작하엿나	서상국	야구 잘하는 동모와 갓치 잇섯든 것이	56
사고(謝告)		(신년호 부록 13도 고적말판 중에 전라남도가 빠저서)	56
실익		입학시험에 자조 나는 『멘탈테스트』 이약이	57~60
소년소설	이정호	귀여운 희생	61~67
광고		신간소개 신동화집 『왜』(독일 뮤호렌 작 / 최청곡 역)	67
	李	편즙을 맛치고	68
사랑의 사진첩		씩씩하고 참된 소년이 됩시다	뒷표지(속)
광고		『학생』 창간호	뒷표지
부록		『금강 껨』 말판(삽입)	
부록		어린이세상(삽입)	

제7권 제3호 통권 64호, 창간제6주년기념호, 1929.3.20.

표지		(세 소년)	표지
		조선자랑 대현상 문제, 양복 한 벌 줍니다, 애독자 작품 대모집	표지(속)
광고		『학생』 4월호, 활문신, 신구서림	
		조선자랑가(지리창가 중에서)	1
	방정환	여섯번재 돌날을 마지하면서	2~4
	푸른소	조선은 이러타	5~9
		신년호 현상 발표	9
조선의 3대 전승자랑	차상찬	일거에 전멸식힌 살수대첩	10~13
조선의 3대 전승자랑	조규수	당태종의 눈을 쏘아 쪼즌 안시대첩	14~17
	박달성	세계 중에 제일인 지리상으로 본 조선자랑	18~20
	신영철	고산자 김정호 선생 이약이	21~24
		조선에서 1년 동안에 나는 것	25
(동요)	푸른소	봄나드리	26~27
수공유희	일기자	자미잇는 인형 만들기	26~27
조선자랑	신영철	세계 제일 훌륭한 조선의 산수자랑	28~31
외국인이 본 조선의 자랑	쩨루만	나는 이 세 가지를… 산천, 기후, 의복	32
외국인이 본 조선의 자랑	한-ㄴ, 푸롬	다른 나라 사람보다 청렴·개결(介潔)이 특색	33
알림		(몽견초 선생의 소년소설 요다음에 또 나기 시작)	33
외국인이본 조선의 자랑	마리-부인	세계 제일의 특이한 점 몃 가지	34
조선자랑	삼산인	조선의 특산자랑	35~38
알림		(어린이독본, 조선사람의 도량 자랑 이상 2편 전문 삭제)	38
조선의 발명자랑	최진순	현대 공예품보다 나은 고려시대의 도자기	39

글 종류	글쓴이	제목	쪽
조선의 발명자랑	권진규	세계에 그 류(類)가 업는 조선의 유명 한글	40~41
조선의 발명자랑	이윤제	문명의 어머니, 활자도 조선이 먼저	41~42
알림		(전문삭제–군함의 시조인 철갑선도 조선이 먼저)	42
조선의 발명자랑	김진구	공중을 나르는 비행기도 조선이 먼저	42~43
내가 자랑하고 십흔 자랑중에 자랑!	김기전	살어 움즉이는 자랑	44
내가 자랑하고 십흔 자랑중에 자랑!	최두선	조선의 기후자랑	45~46
내가 자랑하고 십흔 자랑중에 자랑!	유광렬	조선 독특의 자랑	46~47
내가 자랑하고 십흔 자랑중에 자랑!	유광렬	조선의 의복자랑	47
내가 자랑하고 십흔 자랑중에 자랑!	손진태	조선의 온돌자랑	47~49
내가 자랑하고 십흔 자랑중에 자랑!	박승철	조선의 인정자랑	49~50
내가 자랑하고 십흔 자랑중에 자랑!		「자랑말판」 노는 법 설명	50
내가 자랑하고 십흔 자랑중에 자랑!	유도순	조선의 동요자랑	51~53
사고(謝告)			53
조선사람에 가지가지자랑	방관생	우리의 힘자랑	54
조선사람에 가지가지자랑	김진구	우리의 담력자랑	54~55
조선사람에 가지가지자랑	삼산인	우리의 음악자랑	55~56
조선사람에 가지가지자랑	김원태	우리의 운동자랑	56~57
조선사람에 가지가지자랑	박선생	우리의 서화자랑	57
조선사람에 가지가지자랑	정선생	우리의 어학자랑	57
동화자랑	연성흠	해와 달 이약이	58~63
동화자랑	깔깔박사	꼬부랑할머니	64
알림		어린이 신설분사, 북극성 선생님 탐정소설, 3월호 현상발표	65
조선동화	최경화	숫닭의 래력	66~69
		독자담화실	70~71
	方, 李	편즙을 맛치고	72
사랑의 사진첩		씩씩하고 참된 소년이 됩시다	뒷표지(속)
광고		『별건곤』 신생명호	뒷표지
부록		조선자랑 『말판』(삽입)	

글 종류	글쓴이	제목	쪽

제7권 제4호 통권 65호, 어린이날기렴호, 1929.5.10.

표지		깃거운 깃거운 어린이날에	표지
동요	한정동 요 / 정순철 곡	봄(악보)	표지(속)
		만년필 대현상	
광고		연성흠 편 『세계명작동화보옥집』	
사고(社告)	이정호	어린이 애독자 여러분께	1
훈화	박정희	부자의 황금	2~3
감상	류광렬	어린이날이 생기기 이전과 지금과 또 장래	4~6
동화	김태오	쪼각쇠 이약이	7~9, 6
역사	푸른소	조선은 이러타	10~13
직업소년들의 가지가지설움	한삼녀 / 배명자	연초직공	14~15
직업소년들의 가지가지설움	주영철	인쇄직공	15~16
직업소년들의 가지가지설움	김수복	정미직공	16
직업소년들의 가지가지설움	강양순	제사직공	16~17
동요	한정동	봄노리	18
동요	물새	봄밤	19
지식	일기자	어느해 몇해 전에 엇더케 되엿나-전차, 기차	18~19
	양재응	안달뱅이 안생원 이약이	20~23
동화	최경화	싸홈의 결과	24~25
동화	이태준	슬픈 명일 추석	26~29
단편소년소설	송영	옷자락은 깃ㅅ빨가티	30~33
단편소년소설	연성흠	창수의 지각	33~35
단편소년소설	김영팔	소년직공	36~37
단편소년소설	최병화	입학시험	38~39
동화극	경화	달속의 톡긔	40~41
기인기담	이덕호	맹상군의 이약이	42~48
우화	과목동인	개고리의 이약이	42~46
특고(特告)		(8편 원고 전부가 불허가)	48
		3,4월호 합호 양복현상 발표	49
애독자 입선작품 동화	김순정	「3왕묘」 이약이	50~53
애독자 입선작품 우화	조남영	순희와 종달새	54~56
애독자 입선작품 동화	류소제	적은 힘을 모아서	54~56

글 종류	글쓴이	제목	쪽
애독자 입선작품 창작	이원수	은반지	57~59
		깔깔소학교	60~61
소년미담	윤용순	아우의 변도	62~66
알림		어린이「금메달」	66
사랑의 사진첩		씩씩하고 참된 소년이 됩시다 장수철 외(寫眞)	뒤표지(속)
광고		『학생』 5월호	뒤표지

제7권 제5호 통권 66호, 6월호, 1929.6.18.

표지		압발을 굴러라! 뒤발을 굴러라! 한울 눕히 소사라!(단오날 그네뛰기)	표지
		시계 대현상	표지(속)
알림		지상현상 웅변대회	
광고		이문당, 문화서관, 『별건곤』 청춘호	
알림		5월 기념호 현상 발표	
권두	편집인	녀름과 어린이	1
전설	최진순	단오 명절의 불상한 이약이 두 가지	2~3
어린이독본	방정환	제13과 적은 힘도 합치면!	4~7
역사	푸른소	조선은 이러타	8~11
신록소화	이성환	우리집 뒤에 록음	12~13
신록소화	김남주	집뒤의 적은 숩	13~15
신록소화	박달성	취운뎡의 록음	15~17
신록소화	김영팔	록음과 어린이	17~18
신록소화	이정호	차ㅅ속에서 본 신록	18~19
동화	최병화	일홈 업는 명인	20~23
동시	장효섭	청개고리, 반듸불	24~25
녀름위생	유홍종	어름 먹을 때 주의할 멧가지	24~25
창작소설	이태준	쓸쓸한 밤길	26~30
알림		잡지 어린이 구독 권유	30
동화	김국안	노랑나븨의 죽엄	31
녀름지식	천응규	개고리 이약이	32~36, 47
우화	연성흠	눈멀은 나그네	32~34
우화	조현긔	소낙비 이약이	34~36
녀름과학	조영근	비(雨) 이약이	37~39
우리학교의 귀염동이(1)		동덕여학교 제4학년 이연세씨(13세)(寫眞)	40
우리학교의 귀염동이(1)		배영학교 남 제3학년 이필순씨(14세)(寫眞)	41
알림		우리학교 귀염둥이	41

글 종류	글쓴이	제목	쪽
동시	장효섭	녀름밤, 늙은 배사공	42~43
유희	일기자(一記者)	유희 몃가지	42~43
		깔깔소학교	44~47
동화	박제기	원숭이의 모자	44~45
우화	강대철	좀스러운 소년	46~47, 36
동화	연성흠	두가지 구슬(玉)	48~49
태서(泰西)미담	양재응	아메리카의 보물	50~53
방학실연용동화극	경화	거짓말 왕자와 정말 왕자(전1막)	54~61
야구미담	이정호	정의의 승리	62~70,19
사랑의 사진첩		씩씩하고 참된 소년이 됩시다	뒷표지(속)
광고		『학생』 제4호	뒷표지
부록		어린이세상(29호, 삽입)	

제7권 제6호 통권 67호, 하기방학호, 1929.7.20.

표지		녀름과 어린이	표지
		시계주는 특별 대현상 문제	표지(속)
알림		독자작품 대모집, 현상 모집 소년소설급 미담당선 발표	
광고		『별건곤』 기인기담호	
속그림		방학노리	1
방학독물	조재호	방학중의 시간생활	2~3
방학독물	월견초	효남이 방학일긔	4~7
어린이 독본	방정환 편	제14과 싸홈의 결과	8~11
방학독물	조동식	방학동안에도 일요일을 직히자	12~13
지식	푸른소	조선은 이러타	14~17
사화	차상찬	천하기인 먹적골・허생원 이약이	18~20
특고		이번에 책을 7・8월호로 하고 9월호를 8월 중순에 발행예정	20
태서(泰西) 미담	양재응	영국의 보물	21~25
동요	허문일	소낙비	26~27
녀름위생	정석태	어린이병원	26~27
녀름자미	이익상	저녁산보	28
녀름자미	이태준	참외와 수박	28~29
녀름자미	김동환	하동이 되여	29
녀름자미	김려수	나의 녀름자미	29~30
녀름자미	류광렬	그늘에서 책닑기	30
녀름자미	신영철	자전거 산보	30
우화	김일평	가축의 회의	31
위인	염근수	위인 『쏘크라데스』 이약이	32~33

글 종류	글쓴이	제목	쪽
우화	연성흠	사람과 능금나무	32~33
취미	삼산인	느트나무 신세 이약이	34~37, 7
지식	김동혁	녀름꼿 이약이	38~39
장편동화	김준상	「크레테」의 미궁	40~43
이과	천응규	파리「승(蠅)」 이약이	44~47
소화(笑話)	강대철	똑가튼 사람	44~47
광고		『사랑의 학교』(원명 쿠오레) 출판 예고	47
동화	최병화	소녀의 심장	48~51
알림		6월호 현상발표	51
우리학교 귀염둥이(2)	최윤환	재동공립보통학교 제6학년 이능표(14세)(寫眞)	52~53
우리학교 귀염둥이(2)	최인순	효창공립보통학교 여 제5학년 김소분(16세)(寫眞)	53
유희	심형필	녀름에 자미잇는 물리유희 몃가지	54~57
소설	이태준	불상한 3형제	58~59
녀름과학	조영근	비(雨)이약이	60~63
지상웅변대회	목일신	규칙적 생활	64
지상웅변대회	채규철	일과표 엄수	64~65
지상웅변대회	류희격	건강제일	65~66
지상웅변대회	김재춘	초보적 활동기	66
광고		『어린이』 9월호 새로운 기사	67
특고		입선자 일곱분 현상계로 주소 통지하여 주시요	67
	方, 信, 李	편즙을 맛치고	68
광고		문화서관, 이문당	
사랑의 사진첩		씩씩하고 참된소년이 됩시다	뒷표지(속)
광고		『학생』 제4호	뒷표지
부록		어린이세상(30호, 삽입)	

제7권 제7호 통권 68호, 9월특집호, 1929.8.20.

표지		가을은 어린이의 입속에도	표지
알림		지상현상토론대회	
		시계 진정(進呈) 특별 대현상 문제, 7,8월합호 현상 발표	
광고		『별건곤』 경성호	
동요	윤석중 요 / 독고선 곡	단풍닙(악보)	1
가을준비	최승일	이리하야 가을은 옵니다	2
가을준비	김남주	가을 맛을 잘 보는 법	3
가을준비	신영철	가을의 예비지식(1)	4
가을준비	이성환	가을의 예비지식(2)	4~5

글 종류	글쓴이	제목	쪽
가을준비	김규창	가을 공부방 정리	5~6
가을준비	박달성	가을에 무엇을 배울까	6~8, 69
어린이독본	방정환	제15과 눈물의 모자갑	10~15
지식	푸른소	조선은 이럿타	16~19
취미	삼산인	느트나무 신세 이약이	20~22
소설	최병화	옥수수 익을 때	23~27
동시	이정구	시골밤	28~29
우리학교 귀염둥이(3)	조복성	수하동보교 제 6학년 김기석(16세)(寫眞)	28~29
위인	최경화	세계위인소개(1) 「그른트. 위-ㄱ」 이약이	30~33
탐정소설	북극성	소년 사천왕	34~35
	최동은	쌀을 심어 밥을 먹을때까지	36~37
우화	연성흠	게름뱅이 게	36~37
광고		『사랑의 학교』(원명 쿠오레)	37
취미	편집국	땡땡신문	38~39
예고		신추음악대회	39
가을학교	조재호	가을중 일요일에 무엇을 할가–제1강–	40~43
가을학교	심형필	가을이 되면 제비는 어대로 가나–제2강–	43~45
알림		조선서 처음인 합작소설 10월호 예고	45
가을학교	청오	가을의 명절 8월추석 이약이–제3강–	46~47
가을학교	최영주	가을에 닉는 여러가지 과실 이약이–제4강–	48~51
가을학교	정석태	환절기에 알키 쉬운 가을 감기 예방법–제5강–	52~53
사고(謝告)		페지(頁)관계로 못 들어간 원고	53
가을학교		자습실 복습–예습–상식(제6강)	54~55
가을학교	천응규	귓드람이 이약이(제7강)	56~57,29
	최윤환	은행닙은 왜? 노래지나(제8강)	56~57
		깔깔소학교	58~59
장편동화	김준상	「크레테」의 미궁(2)	60~62,9
소년소설	민봉호	다한다누(多恨多淚)	63~69
	方, 李, 信	편즙을 맛치고	70
광고		문화서관, 이문당	
사랑의 사진첩		씩씩하고 참된 소년이 됩시다	뒷표지(속)
광고		『학생』 9월호	뒷표지
부록		어린이세상(31호, 삽입)	

제7권 제8호 통권 69호, 가을특별호, 1929.10.20.

표지		가을과 소녀	표지
		시계 진정(進呈) 특별 대현상 문제	표지(속)

글 종류	글쓴이	제목	쪽
알림		놀나운 대계획—지면대쇄신—	
광고		이문당, 『별건곤』 경성호	
동요	방정환 요 / 정순철 곡	늙은 잠자리—동요집 갈닙피리에서—(악보)	1
가을 늣김	김석송	백도라지	2
가을 늣김	방인근	가을의 선물	2~3
가을 늣김	정인섭	이상한 그림자	3
가을 늣김	김영팔	가을은 힘이다	3
가을 늣김	이정호	그리운 사람	3
사화	차상찬	천하기인 먹적골 · 허생원 이약이	4~7
어린이독본	방정환	제16과 형제	8~13
지식	푸른소	조선은 이러타	14~17
미화	이준홍	세계적 화성(畵聖) 「미레—」의 이약이	18~22
소설	연성흠	희망에 빗나는 소년	23~25
동요	이정구	가을밤	26~27
유희	삼산인	가을노리 몃가지	26~29
동요	허삼봉	길 떠나는 제비	28~29
전기	최경화	세계위인소개(2) 「짠 다—크」 이약이	30~35
우화	연성흠	락타와 천막	34~35
지식	윤주복	고무를 따서 신을 만들 때까지	36~39
기행	편즙급사	어린이사 안양 원족기	36~39
알림		신년 원고	39
소설	박승진	산기슭	40~42
알림		전호(前號) 자습실 정답	43
우리학교 귀염둥이(4)	리준홍	경성교동공보교 제6학년 최영순군(13세)(寫眞)	44~45
우리학교 귀염둥이(4)	김호규	경성동화학원 제4학년 강태원 군(10세)(寫眞)	45
가을과학관	조영근	어린이 기상학 가을은 왜 서늘한가	46~49
가을과학관	천응규	서리 이약이	49~50
가을과학관	김규창	나무입은 왜 지나	50~51
가을과학관	최여구	국화 이약이	51~53
가을과학관	조복성	매암이와 귀드람이는 엇더케 되나	53~55
가을과학관	청오	송이 이약이	56~57
가을과학관	동원민	잠자리 이약이	58~60
알림		9월호 현상발표	60
광고		『어린이』 12월호에	61
현상당선미담	윤금랑	눈물의 꼿	62~69, 55
	方, 李, 申	편즙을 맛치고	70

글 종류	글쓴이	제목	쪽
사랑의 사진첩		씩씩하고 참된 소년이 됩시다 오장환 외(寫眞)	뒷표지(속)
광고		잡지 학생 제7호	뒷표지
부록		어린이세상(32호, 삽입)	

제7권 제9호 통권 70호, 12월송년호, 1929.12.20.

표지		새해를 압두고	표지
		만년필, 팔뚝시계 주는 현상문제	표지(속)
광고	이정호	『사랑의 학교』, 『별건곤』 3주년 기념특집호	
사진	본사 편집국	꼬맹이 선수와 기타	
동요	윤석중 요 / 윤극영 곡	굽 떠러진 나막신(악보)	1
훈화	이성환	연말에 생각할 일	2~3
사화(史話)	차상찬	천강홍의 장군	4~7
알림		어린이 신년 특대호	7
어린이독본	방정환	제17과 일기	8~11
실익	김선생	일기 쓰는 법	12~14
실익	성선희	일기는 엇재서 필요한가	12~14
전기	최경화	세계위인소개(2) 「짠-다크」 이약이	15~17,49
미화	백신칠	생명의 자기	18~21
	탐보군	조각보	18~21
미담	이준홍	귀여운 신의	22~27
실익	삼산인	연하장 쓰는 법	24~25
일화	편집국	아모나 못할 일	28~33
지식	윤주복	연필을 만들 때까지	28~33
탐정소설	북극성	소년 사천왕	34~41
과학	조영근	눈 이약이	42~44
과학	김동진	눈나라 이약이	44~46
	박달성	설중등산 이약이	46~47
	이태준	눈!눈! 눈 자미	47~48
	채만식	어릴 때 본 눈 자미	48~49,33
대합작소설	연성흠. 이정호. 최병화	아름다운 희생	50~56, 41
동화극	박승진	세가지 대답(1막3장)	57~65
감상	정석태	내가 14, 5세 때 생각턴 일	66
감상	최의순	내가 14, 5세 때 생각턴 일	67
	李, 信, 京	편즙을 맛치고	68
광고		『어린이』 신년호, 팔뚝시계 주는 애독자 권유경쟁 대현상	
알림		가을특별호 현상 발표	

글 종류	글쓴이	제목	쪽
사랑의 사진첩		씩씩하고 참된 소년이 됩시다	뒷표지(속)
광고		『학생』 제8호	뒷표지
부록		어린이세상(33호, 삽입)	

제8권 제1호 통권 71호, 신년특대호, 1930.1.20.

글 종류	글쓴이	제목	쪽
표지		나도 용사다	표지
광고		『중학강의록』, 『학생』 신년호, 『별건곤』 신년특대호, 『와세다 중학강의』, 『철도원양성강의록』	표지(속)
알림		신년 특별 대현상 문제, 팔뚝시계 주는 애독자 권유 경쟁 대현상, 어린이 2월호 주문 늦으면 못삽니다	
부록설명		이 책에 껴드린 입지출세 말판 노는 법	
광고		동요작곡집 『갈닙피리』	
권두	방정환	소년진군호를 내면서	1
입지훈화	김기전	큰 뜻과 큰 목적을 세우라	2~3
훈화	신영철	금년은 말해외다	4~7
입지	최영주	새해 아침에	4~7
위인의 어릴때	차상찬	만고 정충 병자명장, 임경업의 어릴 때 이약이	8~9
위인의 어릴때	청오생	천하의 기걸이든 홍경래	10~11
위인의 어릴때	계산인	문장이 천하 제일이든 이율곡	11~12
위인의 어릴때	송선생	고려시대의 명장이든 강감찬	13~14
위인의 어릴때	삼산인	철갑선 발명으로 유명한 이순신	14~15
동물미화	미소	비장한 최후	16~19
지식	삼산인	말 이약이	16~19
입지성공미담	연성흠	발명대왕이 되기까지—「에듸손」	20~22
입지성공미담	경화생	강철대왕이 되기까지—「가-네키」	23~24
입지성공미담	최병화	자동차대왕이 되기까지—「헨리・포-드」	25~27
입지성공미담	안선생	석유대왕이 되기까지—「럭크펠너」	28~29
세계위인전	이준흥	대통령이 되기까지—아부라함 링컨	30~35
	편집실	꼭 성공하는 법	32~33
세계위인전	최경화	조국을 구하기까지—「잔다-크」	36~41
위인일화	편집실	아모나 못 할 일 「까리레오의 의기」, 「약조는 즁하다」	38~41
상식	일기자	세계적으로 유명한 위인들의 신분조사	42~45
세계위인전	고장환	대교육자로 유명한—페스타롯치	42~45
세계위인전	김원주	이태리의 수상인—뭇소리니	46~49
	탐보군	조각보	46~48
	편집실	이것 참 자미잇고나	49
	편집국	정월에 놀기 좋은 신안 유희 두 가지	50~51
입지소설	이태준	눈물의 입학	52~55

글 종류	글쓴이	제목	쪽
탐정소설	북극성	소년사천왕	56~61
대합작소설	연성흠, 이정호, 최병화	아름다운 희생(끝)	62~69
광고		명작독본 『사랑의 학교』, 신동요집 『갈닙피리』	69
		깔깔소학교	70~71
	方, 李	편즙을 마치고	72
사랑의 사진첩		씩씩하고 참된 소년이 됩시다	73
특별부록		입지·출세 대말판	

제8권 제2호 통권 72호, 1930.2.20.

표지		널뛰기 인형놀이	표지
광고		일본국민중학회, 『학생』 2월호, 『별건곤』 2월호	표지(속)
사진		치위를 익이라, 보고 싶흔 사진	
		신현상 그림찾기, 신년 특대호 현상 발표	
광고		『철도원 양성 강의록』	
		운동 말판 노는 법, 팔뚝시계 주는 애독자 권유 경쟁 대현상	
권두	편집인	발명가의 고심	1
경전	이정호	불상한 이를 위하야	2~5
어린이독본	방정환	제18과 너절한 신사	6~8
사화	차상찬	이괄 난(亂) 이약이	9~13
		길찻기	13
우화	미소	이리와 어린양	14
우화	미소	농부와 톡긔	14~15
우화	호당	모기와 부처	15
동요	한정동	굴네 버슨 말	16~17
	윤주복	「쿠레욘」이 되기까지	16~17
만화	손기문	미련한 되지	18~19
전기	최경화	구국의 여신 짠다-크	20~23
미담	이정호	소년소녀 자미잇고 유익한 감동미담집(1)	24~27, 39
실익	심형필	자미잇고 유익한 귀신 이약이	28~33
		다른 사람과 이약이 할 때에는 이럿케 하십시요	30~31
		선생님은 이러한 생도를 제일 조와하십니다	32~33
겨울과학	조영근	눈 이약이(2)	34~35
	백남규	산술시험준비에 대한 부탁	36~39
		입학시험 준비 비결 10개조, 전일 주의할 10개조, 당일 주의할 10개조	36~39
	편집국	자미잇고 유익한 신안(新案) 실내유희	40~41
소년소설	연성흠	희망의 꼿	42~45

글 종류	글쓴이	제목	쪽
1인1화	이태준	인형	46
1인1화	최경화	조선 어린이 모형	46~47
1인1화	박춘파	한고조와 초패왕	47~48
1인1화	방소파	불친절인 친절	48~49
1인1화	이미소	놀나운 신의	49
동화	과목동인	겁쟁이 도적	50~53
우스운 이약이	최영주	미련이 나라	50~53
진담	편집실	세계기문집	54
탐정소설	북극성	소년 사천왕	56~64
자미잇는 이약이	김원주	세 가지 시험	58~59
소년수공	성선희	쭈-립푸	65
		깔깔소학교	66~67
		독자담화실	68~71
	方, 李	편즙을 마치고	72
사랑의 사진첩		씩씩하고 참된 소년이 됩시다	뒷표지(속)
특별부록		대운동 말판	

제8권 제3호 통권 73호, 창간7주년기념호, 1930.3.20.

표지		귀여운 합창대	표지
광고		『중학강의록』	표지(속)
광고		『학생』 3월호, 『별건곤』 3월호	
사진		봄-봄-봄	
사진		보고 십흔 사진	
		그림찻기 현상	
		팔뚝 시계 주는 애독자 권유 경쟁 대현상, 그림찻기 현상 발표	
광고		『철도원양성강의록』	
사진		7주년 기념 합창	
권두	방정환	7주년 기념을 마즈면서	2~3
(7주년 축하의 글)	최린	(우리 사회에 갑잇는 노력과 귀중한 시간이)	4~5
(7주년 축하의 글)	이광수	(「어린이」란 말은 개벽사의 발명입니다.)	4
(7주년 축하의 글)	조동관	(우리들 어른의 뒤를 따라)	5
(7주년 축하의 글)	조재호	(나는 요사이 서울서 제일이라는 유치원 구경을)	5
(축사)	최린, 이광수, 조동식, 조재호, 정홍교	7주년을 맛는 어린이 잡지에의 선물	4~7
(7주년 축하의 글)	정홍교	(조선의 어린 동모들이 캄캄한 밤에)	6~7
알림		어린이 4월호는 봄마지호, 어린이 5월호는 옛동무 작품호	7
경전(經典)	이정호	감은(感恩)! 감은! 사랑의 학교 책 중에서…	8~13

글 종류	글쓴이	제목	쪽
유희		그림 만들기	13
	이돈화	통쾌! 통쾌! 처음으로 머리 깍든 때 이야기	14~15
	최병화	통쾌! 통쾌! 어린이들의 힘으로 조혼을 타파한 이약이	16~19
우화	미소(편)	동물의 수명	20~21
만화	손기문	꾀돌의 복수	22~23
장쾌한 인물	김옥빈	임장군의 호용	22~25
장쾌한 인물	김진구	마의래(馬義來)의 용력	26~27
장쾌한 인물	연성흠	장붕익의 용맹	28~30
알림		신설 어린이지분사	30
우스운 이약이	정호생	강아지 한 마리가	31
	양재응	조선 제일 조흔 산	32~33
	최영주	조선 제일 큰 강	34~35
	이성환	조선 제일 쌀 만히 나는 곳	36
	차상찬	조선 제일 오래된 건물	37
	최진순	조선 제일 큰 책	38~39
	최진순	조선 제일 큰 종	39~40
	유동선	조선 제일 놉흔 골「군읍(郡邑)」	41~42
	신영철	조선 제일 놉흔 산	43
	삼산인	조선 제일 학생 만흔 곳	44~45
	이학중	조선 제일 금 만히 나는 곳	45
	소파	조선 제일 짧은 동화「촛불」,「이상한 실」	46~47
(47~52쪽 낙장)			
	미소	조선 제일 긴-동화	48~51
	조영근	조선 제일 더웁고 치운 지방	52~53
탐정소설	북극성	소년 사천왕	54~57
감상문	이원수, 서덕출, 소용수	창간호브터의 독자의 감상문	58~61
세계위인소개	최경화	구국의 천사 짠다-크	62~65
		독자담화실	66~69
	方, 李	편즙을 마치고	70
사랑의 사진첩		씩씩하고 참된 소년이 됩시다	뒷표지(속)
기념부록		미술회 엽서(1조 2매)(삽입)	

제8권 제4호 통권 74호, 봄마지특집호, 1930.4.20.

표지		봄 어린이	표지
		시계 한 개 거저 주는 대현상	표지(속)
광고		『학생』 4월호, 『별건곤』 5월호, 『철도원양성강의록』	
사진		봄을 맛는 옛 대궐, 보고 싶흔 사진	

글 종류	글쓴이	제목	쪽
		그림찻기 현상 발표, 팔뚝시계 주는 애독자 권유 경쟁 대현상	
그림		봄! 봄의 합창대	1
동요	유도순	봄마지	2
동요	한정동	범나뷔	3
동요	정인섭	봄노래	4
동요	이구	예졸아	5
동요	엄홍섭	진달내	6
편지	박달성	서울봄-(서울동무를 대신하야 시골 사촌 형에게)-	7~9
편지	신영철	시골봄-(시골 동무를 대신하야 서울 유학 간 박군에게)-	10~11
	최영주	봄! 봄! 봄! 봄꼿 이야기	12~14
	심형필	제비의 강남 선물	15~16
봄꼿전설	실명씨	개나리 꼿	17~18
봄꼿전설	월견초	씀바귀 꼿	19~20
봄꼿전설	하일천	할미꼿	20~21
내 봄 자미	이성환	(이른 아츰 안개 자욱한 때)	22
내 봄 자미	이태준	(나는 봄이 되면)	22
내 봄 자미	최의순	(봄만 도라오면)	22
내 봄 자미	이돈화	(내가 맛들인 봄맛은)	22
내 봄 자미	주요한	(봄이 오거든-)	22
내 봄 자미	최병화	(봄이 되여 버드나무에)	23
내 봄 자미	박달성	(무겁고 텁텁한 겨울옷을)	23
내 봄 자미	유광렬	(밤이 늦도록 조선의 모든 장한 사람)	23
내 봄 자미	양고봉	(따듯한 봄이 되면 놉흔 산에)	23
내 봄 자미	김영팔	(내가 일하고 잇는 곳은)	24
내 봄 자미	연성흠	(봄! 봄! 산에도 봄!)	24
내 봄 자미	김원주	(가비야운 옷을 입고)	24
내 봄 자미	이정호	(이른 봄날 정다운 동무와)	24
내 봄 자미	최영주	(나는 냉이나물을 퍽 조와합니다)	25
내 봄 자미	최경화	(봄이 되면 혼자 산에 올나가서)	25
내 봄 자미	성선희	(따듯한 양지 쪽에 안젓노라면)	25
내 봄 자미	박로아	(나는 봄철이 되면)	25
사화	차상찬	김응하 장군	26~29
우화	미소편	사람과 재화	30~31
전기	연성흠	영원의 어린이 안더-슨 선생-그의 소년시대	32~36
동화	연성흠	날느는 가방-안더-슨 선생의 동화	37~39, 45
과학	삼산인	궁금푸리	40~42
지식	윤주복	비누가 되기까지	40~44
지식	일기자	이것 참 자미잇고나	43~45

글 종류	글쓴이	제목	쪽
소년소설	이명식	봄! 봄! 봄!	46~49
소식	민삼식	세계 기문(奇聞)집(2)	50~51
전기	최경화	희랍의 철인 소크라테스	52~56
소년소설	최병화	참된 우정	57~63
		깔깔소학교	64~65
소년토론	독자중	제6회 문제 사람이 생활하는데 손이 나흔가? 발이 나흔가?	66~68
	方, 李	편즙을 맛치고	
사랑의 사진첩		씩씩하고 참된 소년이 됩시다	뒷표지(속)
부록		어린이세상(삽입)	

제8권 제5호 통권 75호, 옛동무작품호, 1930.5.20.

표지		이게 왼 떡이냐	표지
		시계 한 개 거져 주는 대현상	표지(속)
광고		『학생』 6월, 『별건곤』 6월호	
사진		그네 뛰는 아가씨, 보고 싶흔 사진	
광고		『철도원 양성 강의록』	
권두		그리운 옛 자태	1
감상	방정환	『어린이』의 옛동무들을 마지하면서	2~3
동화	김연순(寫眞)	이상한 꿈	4~6
소년소설	이명식(寫眞)	방랑소년	7~11
만화	김선생	양복 입은 타조	9, 11, 15, 17
전설	이원수(寫眞)	방울꽃 이야기	12~13
만화(漫話)	성석훈(寫眞)	바람의 작난	14~17
		팔뚝시계 주는 애독자 권유경쟁 대현상	18
전기	최경화	톨스토이의 이야기	19~21
(19~22쪽 낙장)			
동시	신고송	언니 시집가든 날	22
동요	신고송	하로에 몃 번이나	23
소년소설	민봉호(寫眞)	영화의 넉두리	24~28
아동극	연명흠(寫眞)	사자와 호랑이	29~31
광고		신간소개 홍영후 『조선동요백곡집』	31
전설	서덕출(寫眞)	물오리의 내력	32~33
단편소설	김재철(寫眞)	유리화병	34~35
역사동화	민삼식(寫眞)	쌍동이의 복수	36~41
동화시	이경노(寫眞)	혹뿌리 이야기	38~41
동요	이정구	감자 밧헤서	42
동요	이원수	그림자	43

글 종류	글쓴이	제목	쪽
동요	이원수	그네	43
동요	지수룡(寫眞)	달팽이	44
동요	최인준	비오는 저녁	44
동요	소용수	봄 바다	45
동요	목일신(寫眞)	느진 봄	45
		깔깔소학교	46~47
경전(經典)	이정호	「엔리코」의 일기 녀름! 녀름!－사랑의 학교 중에서	48~50
		현상 당선 발표	50
사화	차상찬	궁예왕 이야기	51~53
초하소품	이태준	6월의 하누님	54
초하소품	최영주	초하의 소경(小景)	55
우화	미소편	불의의 제물	56~57
		식물 급 곤충채집법	58~60
자연과학	염근수	독본 업시 공부하는 법	61~63
알림		신설 어린이지분사	63
탐정소설	북극성	소년사천왕	64~69
알림		상금 진정 10원 꼭 타시오	69
	方, 李	편즙을 맛치고	70
사랑의 사진첩		씩씩하고 참된 소년이 됩시다	뒷표지(속)

제8권 제6호 통권 76호, 창사10주년기념호, 1930.7.20.

표지		깃븐 소식	표지
		시계 한 개 거저 주는 대현상	표지(속)
광고		『학생』 7월호, 『별건곤』 8월호	
사진		바다로! 바다로!, 보고 싶흔 사진	
권두		10년 고투의 산물	1
인사	편집인	개벽사 창립 10주년 기념을 마지며	2~3
훈화	김기전	여름 준비 방학 준비－네 가지 긴요한 일	4~5
사실미담	방정환	소년용사	6~9
여름날의 옛 긔억	이태준	무지개	10~11
여름날의 옛 긔억	김원주	외가집 자미	11~12
여름날의 옛 긔억	최영주	물! 물! 물!	12~13
여름날의 옛 긔억	성선희	아버지와 나	13
시원한 이야기	허삼봉	삼부자의 곰 잡기	14~17, 29
우화	미소(편)	사자의 교육	18~19
알림		부록 꾀매는 법	19
	양재웅	동무야! 바다로 가자!!	20~21

글 종류	글쓴이	제목	쪽
	목부	어부와 해녀의 살님	22~23
(23쪽 낙장)			
	삼산인	바다와 파도 이야기	24~25
	황선생	바다의 빗갈 이야기	26~28
		옛 동무호 현상 발표	29
	최영주	방학 동안의 조기회	30~31
동요	한정동	여름밤	32~33
일상과학	윤주복	불노리가 되여지기까지	32~35
동요	허문일	기와 한 장	34~35
탐정소설	북극성	소년 사천왕	36~41
과학	천웅규	여름버레 이야기	42~45
상식	일기자	윤달 이야기	42~45
유치원동화	염근수	눈뜨고 잠자는 붕어	46~47
유치원동화	염근수	훌륭한 어른	47~49
재담 · 만담 · 기담	차상찬	엉터리 산양	50
재담 · 만담 · 기담	거울꼿	엥간한 뱃심	51
재담 · 만담 · 기담	박달성	평생 시언한 일	51~52
재담 · 만담 · 기담	채만식	원고? 빙수?	52
재담 · 만담 · 기담	이정호	생명의 등대	52~53
위생	정석태	어린이 지상병원	54~55
알림		(『학생』 부록으로 계몽독본을 한 권씩)	55
사고(社告)		(개벽사 발행 잡지들의 부수에 대하여)	56~57
소년소설	최병화	누님의 얼골	58~62
창작동극	정인섭	쳉기통(전 1막)	63~69
	편집급사	편즙실 이야기	70
		팔뚝시계 주는 대현상	
사랑의 사진첩		씩씩하고 참된 소년이 됩시다	뒷표지(속)
10주년 기념부록		특선 동요 15곡집(별책삽입)	

제8권 제7호 통권 77호, 신추특집호, 1930.8.20.

표지		정드른 물 속	표지
광고		시계 한 개 거저 주는 대현상	표지(속)
광고		『학생』 9월호, 『별건곤』 10월 특대호	
사진		가을! 가을, 보고 십흔 사진	
동시	염근수	초가을	1
동화	양재웅	은혜 모르는 사람	2~8
동요	방정환 요 / 정순철 곡	눈(악보)	5
동요	윤석중 요 / 윤극영 곡	바다ㅅ가(악보)	7

글 종류	글쓴이	제목	쪽
자미잇는 이야기	연성흠	엉뚱한 도적	9~11
초추소품	이태준	과꽃	12
초추소품	유도순	국화	12~13
초추소품	박로아	코쓰모쓰	13
초추소품	최영주	해바라기	13~14
초추소품	김원주	따리아	14~15
소개	최경화	아푸리카 탐험자 리빙그스톤	16~21
동요	신고송 요 / 홍난파 곡	골목대장(악보)	19
동요	윤복진 요 / 박태준 곡	기럭이(악보)	20
알림		반가운 소식	21
우화	미소(편)	북풍과 태양, 적은 돌과 보석	22~23
특별독물	일기자	공장소년 순방기 제1회 별표고무공장	24~29
신작동요	김려수	가을	30
신작동요	한정동	햇쌀 지겟네	30
신작동요	윤석중	두고 두고 별르든 날	31
신작동요	윤복진	긔차가 달어오네	31
신작동요	이원수	잘 가거라	32~33
일상과학	윤주복	조희가 되여지기까지	32~35
동요	이원수	보리방아 찌으며	34~35
신동화	최청곡	장화 이약이	36~37
신동화	손기문	원숭이와 회초리	38~41
과학	산남인	은하수 이야기	38~41
소녀소설	민봉호	순이의 설음	42~47
		자습실-복습 예습 상식	48
유치원동화	양재응	박쥐 이야기	49~51
취미	목부	가을에 여는 과실 이야기	52~53
소년소설	최병화	영수의 편지	54~59, 8
가을과학	삼산인	기럭이 이야기	56~57
		깔깔소학교	60~61
수재애화	이정호	집웅 타고 3백리	62~69
		특별 현상 아모나 탈 수 잇는 상금 10원	69
	方, 李	편즙을 맛치고	70
광고		동요곡집 『갈닙피리』	
		팔뚝시계 주는 애독자 권유 경쟁 대현상	
사랑의 사진첩		씩씩하고 참된 소년이 됩시다	뒷표지(속)
취미	허문일	조선속언집	어린이세상
이과	경화생	오징어와 낙지	어린이세상
그림동화	율산인	펠세우스의 신화	어린이세상

글 종류	글쓴이	제목	쪽
취미	이선생	각국의 국기 내력	어린이세상
	독자중	독자담화실	어린이세상
	독자중	입선작문, 입선동요	어린이세상

제8권 제8호 통권 78호, 10월대대특집호, 1930.9.20.

표지		아긔와 인형	표지
		시계 한 개 거저 주는 대현상	표지(속)
광고		『학생』 10월호, 『별건곤』 10월 특대호, 동요곡집 『갈닙피리』	
		팔뚝 시계 주는 애독자 권유경쟁 대현상	
사진		깁허가는 가을, 보고 싶흔 사진	
신작동요	한정동	가을이 되면—어머님을 생각하고	1
일기	박달성	귀남의 일지	2~4
동화	연성흠	은희의 노래	5~8
어린이독본	방정환	제19과 동모의 정	9~15
가을 기억	주요한	어릴 때 가을	16
가을 기억	김남주	할머니와 나의 성공	16~17
가을 기억	진장섭	밤 주러 갓다 밤에 오는 생각	17~18
가을 기억	김영팔	아버지 생각	18
가을 기억	최영주	나와 가을	18~19
가을 기억	최경화	은행닙에 써 보내는 편지	19, 47
소년소설	민봉호	박군의 편지	20~26
동요유희	김영제	꿀돼지	27~29
전기	최경화	기차 발명자 죠-지·스틔븐손	30~33, 41
동요	이원수	교문 박게서	34~35
과학	조영근	가을이 되면 왜? 하눌이 맑고 서늘한가	34~35
탐정소설	북극성	소년 사천왕	36~41
소개		각학교 수재 아동 방문기—제1회 동덕여자보통학교편	42~43
		궁금푸리	44~47
가을 자미1	최영주	낙엽 자미	44~45
가을 자미2	박달성	밤 줍는 자미	46~47
특별독물	일기자	공장 소년 순방기 제2회 조선인쇄회사	48~54
		탐정소설 소년사천왕 현상 당선 발표	55
실익	천응규(편)	자습실, 전월호 정답	56~57
화성소설	허문일(번안)	천공의 용소년	58~63, 47
		깔깔소학교	64~65
장편동화	김준상	「크레테」의 미궁	66~71
	方, 李	편즙을 맛치고	72

글 종류	글쓴이	제목	쪽
사랑의 사진첩		씩씩하고 참된 소년이 됩시다	
이과	최인순	단풍과 낙엽	어린이세상
상식	윤주복	까지 이약이	어린이세상
그림동화	율산인	펠세우스신화	어린이세상
명화	최남규	권리와 지혜	어린이세상
취미	허삼봉	조선속언집	어린이세상
	이선생	국기내력	어린이세상
	허문일	기럭이	어린이세상
	목일신	첫가을	어린이세상
	무명씨	엉터리신문	어린이세상
	독자중	독자담화실	어린이세상
	박정균	요지경	어린이세상
	안선생	위인의 경구	어린이세상
	김동훈	재담구언	어린이세상

제8권 제9호 통권 79호, 11월특집호, 1930.11.20.

표지		꼿 속에 아기 얼골	표지
광고		『중학강의록』(일본국민중학회)	표지(속)
광고		『학생』 11월호, 『별건곤』 기념 특집호, 『와세다 중학 강의』	
		팔뚝시계 주는 애독자 권유경쟁 대현상	
광고		『농업실습강의록』(국민실과대학원)	
신작동요	한정동	기다림	1
사화	차상찬	천하 용소년 최윤덕 장군	2~4
소년소설	이태준	외로운 아이	4~5
동화	양재응	개나라의 동화	6~9
사화	김기전	천도교의 시조 최수운 선생	10~11
소녀소설	민봉호	거룩한 마음	12~15
전기	최경화	중국의 손일선(孫逸仙)	16~19
알림		신년호 원고 모집	19
1인1화	김남주	공부와 운동	20
1인1화	양고봉	우습이란?	20~21
1인1화	박달성	전차 속에서 본 소년	21~22
1인1화	최경화	최영 선생	22
1인1화	류광열	벼 한 알과 밤 한 톨	22~23
1인1화	채만식	발가숭이	23
화성소설	허문일	천공의 용소년(속)	24~29
동요	이원수	낙엽—누이, 옵바, 남매 함께	30~32

글 종류	글쓴이	제목	쪽
동요	이구	가을피리	32~33
일상상식	최의순	까지 이야기 신문이되여지기까지 동아일보사	30~32
일화		아모나 못할 일	33
광고		『갈닙피리』	33
소년소설	김도인	진수와 그 형님	34~37, 49
소개		각 학교 수재아동 방문기—제2회 경성 재동공립보통학교편	38~39
장편동화	김준상	「크레테」의 미궁	40~44
광고		잘 때에 또 한 번 니(齒) 닥그십시요	45
진기 경이		세계 제1집(第一集)	46~49
	천응규(편)	자습실	46~47
		전월호 정답	48~49
	최청곡	양부모께 항의함—어린 동모 S군을 대신하야—	50~51
특별독물	일기자	공장소년순방기—3회 조선제사회사	52~58
기담	민삼식	세계기문집(3) 한번 피는 꼿, 사막의 자동차	59
		깔깔소학교	60~61
특별독물	이정호	11월 11일은 세계대전종식 12주년 평화기념일	62~68
		시계 한 개 거저 주는 대현상	69
특별사고	李	(발서 11월이니 가을도 늙어지기 시작하엿습니다)	70
사랑의 사진첩		씩씩하고 참된 소년이 됩시다	뒷표지(속)

제8권 제10호 통권 80호, 경오송년호, 1930.12.20.

표지		눈과 어린이	표지
		시계 한 개 거저 주는 대현상	표지(속)
광고		『별건곤』 12월호	
사진		장쾌한 경긔, 싸홈이다(영국소년군)	
		팔뚝시계 주는 애독자 권유경쟁 대현상	
특별사고		(어린이 이달치는 원고 전부가 불허가의 처분을)	1
지식	류광렬	쌀갑 이약이	2~4
어린이독본	방정환	제20과 정직	5~7
동화	밝은집	괴적 일지매 이약이	8~11
연말상식	적두건	연하장 쓰는 법	12~13
동화	양고봉	간사한 놈의 마조막	14~16, 11
광고		개벽사 대리부	16
소년소설	연성흠	가난의 설음	17~20
유익한 이약이	이학중	의-식-주-의 발명한 이약이	21~23
동요유희	윤극영 요곡(謠曲), 김영제 진부(振付)	새 떼가 나간다	24~27
동요	허삼봉	엄마품, 바람	28~31

글 종류	글쓴이	제목	쪽
일상상식	윤주복	인조견이 되기까지	28~31
전기	최경화	노-벨과 노-벨 상금	32~34
동요	윤극영 요곡(謠曲)	새 떼(악보)	33
동화	민삼식	이상한 배	35~37,39
광고		(신여성 새해부터 다시 나옵니다)	37
동요	거울꽃	야화(野火)	38~39
명화	월견초	기름장사	38~39
동요	박송	도토리	39
동요	김설강	눈서방님과 고드름 각씨	40~41
동화	성선희	행복의 구슬	40~41
소개		각 학교 수재 아동 방문기—제3회 경성 주교 공립보통학교편	42~43
동화	이학중	쥐통귀신	44~45
아동극	경화생	모기와 거미	46~48
동화	독일 뮌렌호프, 모양생(역)	누나의 등불	49
눈 이야기	유도순	눈나라의 북극광	50~51
	박로아	레-닌스키 · 고-레의 눈작난	51~52
	김원주	눈! 눈!	52
	양재응	눈덤이!	52~53
	성선희	눈과 갈분	53~54
	거울꽃	물오리!	54
	박승진	못 니치는 여덜살 때	54~55
탐정소설	북극성	소년 사천왕	56~60
알림		(신년호! 어린이 신년호! 12월 하순 발행)	60
소년소설	최병화	눈보라 치는 날	61~66
특고		사정으로 못 들어간 글을 적으면 아래와 갓습니다.	66
동화	무명초	백우(白牛) 30필	67~69
광고		개벽사 대리부 취급의 서책	69
	方, 李	편즙을 맛치고	70
사랑의 사진첩		씩씩하고 참된 소년이 됩시다	뒷표지(속)
강좌	안선생	만화그리는 법	어린이세상
외국동화		로서아(露西亞) 동요	어린이세상
외국동화		영길리(英吉利) 동요	어린이세상
외국동화		불란서(佛蘭西) 동요	어린이세상
외국동화		독일(獨逸) 동요	어린이세상
외국동화		인도(印度) 동요	어린이세상
외국동화		아미리가(亞米利加) 동요	어린이세상
일화	박선생	와싱톤의 소포	어린이세상

글 종류	글쓴이	제목	쪽
실화	일기자	공중의 대용사	어린이세상
그림동화	율산인	『펠세우스』 신화	어린이세상
취미	고문수	어린이 기자 관상록	어린이세상

제9권 제1호 통권 81호, 신미신년호, 1931.1.1.

표지	김규택	새해와 어린이	표지
		팔뚝시계 한 개 거저 주는 대현상	표지(속)
광고		『별건곤』 신년 특집 특대호	
동요	이원수	설날!	1
새해선물	방정환	해를 배우자	2~3
새해선물	이광수	새해 인사	4~5
새해선물	안재홍	남보다 뛰여나라	5~6
새해선물	김기전	새해 새 부탁	6, 9
일기	월견초	용남의 새해 일긔	7~9
교육명화	최경화	「페스타롯치」 선생	10~12
음악명화	홍영후	「뻿토벤」의 월광곡	12~16
미술명화	이준흥	화성(畵聖) 「미레―」 이약이	16~20
지리명화	신영철	조선지도와 김정호 선생	20~23
서도명화	차상찬	한석봉 선생	24~25
동요 유희	깃븜사 동인 요(謠) / 김영제 진부(振付)	슯픈 밤! 슯픈 밤!(사진)	26~29, 35
소녀미담	연성흠	깨끗한 마음	30~34
	정윤환	기묘통계실(奇妙統計室)	35
동요	박태준 곡 / 윤석중 외3인	동요 슯흔 밤(악보)	35
지식	윤선생	평범한 속에서 놀나운 발견	36~38
소년 자유시	고장환	새해 노래	36~39
동화	송재선	항청 염소	38~39
입지소설	최병화	소년직공 「철수」	40~44
어린이지상 신년대회		어린이 지상신년회 순서	45
	직이령감	인사말슴	46
우화	최선생	양치기와 사자	46~48
이과	박선생	양의 이야기	48~49
사화(史話)	이윤재	혁거세 거서간이 신덕(神德)	50~51
전설	고문수	양의 털은 왜 흰가	52
	이선생	양력 음력과 로서아 신력(新曆)	52~55
합창	주요한	금모래 사노래	56

글 종류	글쓴이	제목	쪽
독창	한정동	새해의 바람	57
합창	윤석동	우리집 설날	57~58
우스운 이약이	연선생	구슬사탕 사건	59~60
수공이약이	박건종	판금 천공 조각	61~62, 60
유희와 지혜	김학헌	마음대로 골너라	63
유희와 지혜	안선생	상제의 지혜	64
유희와 지혜	안선생	시계 골느기	64
유희와 지혜	안선생	글자꼿기	65
기술	옷뚝이	기술(奇術) 두 가지	65~66
아동극	최경화	양의 노래	67~69
특고		(이번호에 싣기로 한 「무슨 의미로던지 감명 깁게 들은 이약이」를 2월호에 넣겠다)	69
재담	김백신	재담십언(才談十言)	70
	애독자	신년부터 실행하려는 일	70~71
		깔깔소학교	72~73
	박급사	편집실 이야기	74
본호 부록		발명 「말판」 노는 법, 경오 송년호 현상발표	
		팔뚝시계 주는 애독자 권유경쟁 대현상 제3회모집	
사랑의 사진첩		씩씩하고 참된 소년이 됩시다	뒷표지(속)
대부록		『세계 발명 말판』(삽입)	

제9권 제2호 통권 82호, 2월특집호, 1931.2.20.

글 종류	글쓴이	제목	쪽
표지		동요춤 「박꼿」	(낙장)
		시계 한 개 거저 주는 대현상	표지(속)
광고		『별건곤』 2월호	
동요	한정동	제석날	1
특별독물	방정환	부형제 들려드릴 이야기	2~4
	최진순	입학시험 준비와 부형의 주의	5~9
입학수험생께	이 일	(입학시험 보는 데 가장 주의할 것은 침착한 태도라고)	10~11
입학수험생께	구중회	(수험상 가장 주의할 점. 우리 학교에서는)	11~12
입학수험생께	심형필	(매년 입학기를 당할 때마다 나는 두 가지 큰 늣김을)	12~13
감명깊게 생각되는 이야기	신영철	울고야 말엇습니다	14~15
감명깊게 생각되는 이야기	김남주	김 선생과 산술 해답	15~16
감명깊게 생각되는 이야기	양재응	다만 하나를 위하야	16~17
감명깊게 생각되는 이야기	류광열	『혈의 누』를 읽고	18~19

글 종류	글쓴이	제목	쪽
감명깊게 생각되는 이야기	김영팔	일남이의 노래	19~21
감명깊게 생각되는 이야기	윤주복	흰 말과 검은 말	21~24
감명깊게 생각되는 이야기	정홍교	와싱톤과 나	24~25
감명깊게 생각되는 이야기	천응규	제목 업는 이야기	25~26
상식	이학중	의-식-주-의 발명한 이야기 제2. 의복편	27~28
전기	최경화	『크레만소』의 눈물	29~31
동요유희	김영제	빽앙조히 · 파랑조히	32~35
동요	김영수	눈 온 아츰	36~39
유치원 소설	이태준	몰라쟁이 엄마	36~37
소년경전	최병화	입신출세 금언집	38~39
소설(笑說)	담화실직이	도국여행	40~42
동화	박승진	꼿장사의 딸	43~47
소년소설	민봉호	눈물의 신세	48~53
동요	윤복진 요 / 박태준 곡	빽앙조히 · 파랑조히(악보)	51
알림		8주년 기념대 선물!! 독자에게 하나씩 무료 진정	53
특별독물	백시라	끝동이의 감긔	54~57
소년수필	민소월	동무 김군에게	58~60
소년수필	강로향	북국에 봄이 오면	60~61
사실소설	김영수	경희의 마즈막	62~69
		1월호 현상 발표	69
특별사고	李		70
광고		『신여성』 2월호 특집 내용	
		팔뚝시계 주는 애독자 권유경쟁 대현상 제3회 모집	
사랑의 사진첩		씩씩하고 참된 소년이 됩시다	뒷표지(속)

제9권 제3호 통권 83호, 창간8주년기념호, 1931.3.20.

글 종류	글쓴이	제목	쪽
표지		8주년 긔렴 유희	표지
		너름 양복 한 벌 거저 주는 대현상, 팔뚝 시계 한 개 거저 주는 특별 대현상	표지(속)
광고		와세다 『중학강의』, 『고등여학강의』, 『상업강의』	
광고		개벽사 『혜성』, 『별건곤』, 『신여성』	
		팔뚝시계 주는 애독자 권유경쟁 대현상 제3회 모집	
그림동요	한정동	제비야	1
그림동요	김영수 요 / 안석영 삽화	애들아 나오너라-나무꾼 아히노래-	2
그림동요	유도순 요 / 전봉제 삽화	월사금	3
특별독물	김경재	우리들의 설음	4~7

글 종류	글쓴이	제목	쪽
『어린이』 창간 8주년 기념 예사(禮辭)	송진우	소년운동의 선구	8
『어린이』 창간 8주년 기념 예사(禮辭)	이선근	『어린이』여 잘 나가라	8~9
『어린이』 창간 8주년 기념 예사(禮辭)	김석송	세 가지 감사	9
『어린이』 창간 8주년 기념 예사(禮辭)	이성환	잘 싸우는 일꾼 되게	10
『어린이』 창간 8주년 기념 예사(禮辭)	주요한	위대한 공로	10~11
『어린이』 창간 8주년 기념 예사(禮辭)	임 연	농촌 소년을 위하야	11
『어린이』 창간 8주년 기념 예사(禮辭)	염근수	조선과 여덜 팔자	11~12
『어린이』 창간 8주년 기념 예사(禮辭)	김동환	주장에 철저하라	12, 16
사화	이윤재	구주(龜州) 대승전	13~15
소설	양재응	임경업전과 황초집	16~18
전기	최경화	크레만소-의 눈물	19~21
상식	이학중	의식주의 발명	22~23
애국미담	이정호	귀여운 희생	24~30
알림		어린이날 기념호	30
명화(名話)	김안서	왕자와 복저고리	31
소녀소설	민삼식	언니 싀집가는 날	32~35
지식	윤주복	석유와 양초	36~38
동요	이구	초록편지, 복숭아는 피여두!	36~39
소년과학	조영근	비오는 리유	39, 53
실화	이태준	돈 가저간 사슴이	40~41
특별독물	최영주	허풍선이 이야기	42~45
		2월호 현상 발표	45
동물 지식	월견초	엇전 까닭일까요?	46~47
이과 지식	손성화	물로 쇠 붓치기(공기와 압력관계)	46~47
소년 소설	최병화	경복의 모자	48~53
아동극	박승진	한식(寒食)날(1막)	54~58
소년 소설	민봉호	눈물의 신세	59~65
		어린이신문	66~69
	소학생	깔깔소학교	70~71
		독자 담화실	72~73
	李	편즙을 맛치고	74
사랑의 사진첩		씩씩하고 참된 소년이 됩시다	뒷표지(속)
		8주년 기념선물 『특선동요곡집』(삽입)	

제9권 제4호 통권 84호, 어린이날기념호, 1931.5.20.

글 종류	글쓴이	제목	쪽
표지		신비의 궁전	표지
		녀름 양복 한 벌 거저주는 대현상, 팔뚝 시계 한 개 거저주는 대현상	표지(속)
광고		『신여성』, 『혜성』이 지난 3월부터 창간되야	
		팔뚝시계 주는 애독자 권유경쟁 제4회 대모집	
	이정호	우리들의 명절날	1
	무명초	어린이날과 오월의 자연	2~3
	정홍교	우리의 어린이날을 국졔소년데—로 정하자!	4~6
	최청곡	생명의 긔렴일 「어린이날」을 마즈며	6~7
특별 독물	김기전	어린이날의 희망	8~9
그림동요	한정동 / 전봉제 삽화	봄의 노래	10
그림동요	박노아 / 전봉제 삽화	봄비—수원 방화수류정에서	11
그림동요	이원수 / 전봉제 삽화	봄바람	12
그림동요	김안서 / 전봉제 삽화	바다 저편	13
취미이과	김규창	(1)봄꼿 이야기	14~15
사실애화	이태운	유랑의 소조(小鳥)	16~19
		3,4월호 현상발표	19
지식	윤주복	전구가 되기까지	20~21
명화	박승진	소년 차부 「쩨임스」	22~26
전기	최경화	웰링톤의 퇴각	27~29
소년소설	최병화	불끈 쥔 주먹	30~34
동화	이경숙	총명한 눈	35
소년과학	조영근	비오는 이야기	36~39
동요	김영수	어서 그날이 도라왓스면	36~38
동요	허삼봉	어머니	38~39
특별독물	최경화	누가 제일이냐	40~43
동물지식	월견초	엇전 까닭일까?	44~45
이과실험	손성엽	돈 셔 노코 조히 빼기(운동과 관성의 법칙)	44~45
소개	일기자	조선이 나흔 세계적 권투대왕 황을수 씨(寫眞)	46~47
소년소설	김영수	노마는 어대로 가나?	48~55, 25
소년지식	이학중	람프의 발명	56~57
동화	민삼식	타락한 려승(旅僧)	58~62
소녀소설	연성흠	참된 희생(1)	63~69
		어린이신문	70~73
	李	편즙을 맛치고	74

글 종류	글쓴이	제목	쪽
사랑의 사진첩		씩씩하고 참된 소년이 됩시다	뒷표지(속)
	고장환	어린이 날 진군	어린이세상
과학	정순철	악보 보는 법	어린이세상
산문	이정구	나그네의 편지	어린이세상
지식	최선생	력(歷)과 시간 이야기	어린이세상
만화	율산인	엉터리 병정	어린이세상
작문동요	독자중	입선독자작품	어린이세상
통신	독자중	독자담화실	어린이세상

제9권 제5호 통권 85호, 신록특집호, 1931.6.20.

글 종류	글쓴이	제목	쪽
표지		평화의 사자(使者)	(낙장)
광고		녀름 양복 한벌 거저 주는 대현상	표지(속)
광고		『혜성』, 『신여성』	
알림		팔뚝시계 주는 애독자 권유경쟁 대현상 제4회 모집	
동시	주요한	유월	1
동요	유도순	유월과 신록	2~3
	최영주	유월 아가(雅歌)	4~5
	이태준	유월과 구름	5~6
	최경화	유월과 바다	6~8
	임연	유월과 종달새	8~9
취미이과	김규창	초하의 화단: 꼿창포, 백합꼿, 방울꼿	10~12
전설	월견초	이달에 피는 창포화 백합화 수련화 꼿전설	13~17
그림동요	이정구 / 전봉제 삽화	해변의 봄	18
그림동요	한정동 / 전봉제 삽화	고향 그리워	19
그림동요	무명초 / 전봉제 삽화	잠자는 나븨	20
그림동요	박노아 / 전봉제 삽화	빨내하는 색씨	21
위인전기	최경화	「슈-벨트」와 「베-토벤」	22~24
실화	양고봉	어느 여선생님의 고백	25~27
취미상식	삼산인	금붕어 기르는 법	28~29
소년소설	김영수	동모를 위하야	30~35
동요	허삼봉	첫녀름, 우리집	36~39
이과실험	손성엽	구리 철로 불끄기-(열의 전도)	36~37
이과실험	기자	병속의 분수-(진공과 공기의 염력)	37
기담	무명초	닭알 투구	38~39
특별독물	최청곡	가시가티 따거운 태양과 싸호는 동생에게	40~42
		5월호 현상 발표	42
사실미화	백파	조검의 효성	43~45

글 종류	글쓴이	제목	쪽
일상과학	윤주복	기차가 되기까지	46~50
아동극	김영팔	『일남』(1막 2장)	51~55
장편미담	이정호	남아 한 번 맹세한 바에야	56~62
소녀소설	연성흠	참된 희생(2)	63~69, 50
		어린이신문	70~73
(낙장)			74
사랑의 사진첩		씩씩하고 참된 소년이 됩시다	뒷표지(속)
취미	황선생	각국국가의 내력	어린이세상
동요	허문일	개아미의 활동	어린이세상
강좌	정순철	악보 보는 법	어린이세상
만화	율산인	엉터리 병정	어린이세상
지식	처선생	역과 시간이야기	어린이세상
지식	이학중	배 발명한 이야기	어린이세상
작문동요	독자중	입선독자작품	어린이세상
통신	독자중	독자단화실	어린이세상

제9권 제6호 통권 86호, 하기방학특집호, 1931.7.20.

표지		어린이와 금붕어	표지
		팔뚝시계 한 개 거저주는 대현상, 특제 만년필 한 개 거저주는 대현상	표지(속)
광고		『혜성』, 『신여성』 7월호	
그림동요	김영수	녀름 노래	1(낙장)
하기 특집란	조재호	하기 방학을 당한 전국소학생들께 —로봇트(人造人間)와 사람(人間)	2~4
하기 특집란	심형필	신기미묘한 대자연을 배홉시다	4~8
하기 특집란	윤희순	하기방학 중 그림을 권고합니다	9~11
하기 특집란	김병순	농촌 소년께 녀름철 네 가지 부탁	11~14
하기 특집란	최청곡	고열과 싸호는 전국 로동소년들께	14~15
하기 특집란	정석태	지상병원 녀름철 어린이 위생	15~17
하기 특집란	이성환	방학 중에도 일요일을 직힙시다	17~19
그림동요	이원수 / 전봉제 삽화	녀름 바다	20
그림동요	한정동 / 전봉제 삽화	락수(落水)	21
취미와 실익	양재응	생명의 가격(1)	24~25
취미	월견초	봉선화, 석안화, 석죽화	26~30
소녀소설	민봉호	잔채ㅅ날(婚姻日)	31~33
로서아 동화	최영주	이상한 돈 주머니	34~35
위인 전기	최경화	종교개혁자 「룻터」	36~37
알림	편집국	(이정호 장편미담 「남아 한 번 맹세한 바에야」 다음 호에 게재 예고)	37

글 종류	글쓴이	제목	쪽
동요	이원수	밤에 우는 새	38~39
이과실험	손성엽	물우에 바늘 띄우기(표면장력)	38~39
특별독물	정홍교	순남아! 너는 어린『룸펜』이다	40~42
외국명화	송계월	사랑의 채ㅅ쭉	43~47
아동극	김영팔	『일남』(1막 2장)	48~53
동물소설	최경화	북해의 왕 백웅(白熊)	54~58
해외미담	김영수	「헷테이」의 기계(奇計)	59~64
소녀소설	연성흠	참된 희생(3)	65~69
		6월호 현상 발표	69
		깔깔소학교	70~71
		어린이신문	72~75
	李	편즙을 맛치고	76
사랑의 사진첩		씩씩하게 참된 소년이 됩시다.	뒷표지(속)
취미	삼산인	미래의 대 해전	어린이세상
흥미	황선생	각국 국가(國歌)의 내력	어린이세상
강좌	정순철	악보 보는 법	어린이세상
만화	율산인	엉터리 병정	어린이세상
일화	안선생	퓔립프왕 소화	어린이세상
진기	고문수	세계 제1집	어린이세상
소화	독자중	깔깔소학교	어린이세상
당선	독자중	입선 작문, 동요	어린이세상
통신	독자중	독자담화실	어린이세상

제9권 제7호 통권 87호, 고 방정환선생추도호, 1931.8.20.

표지		(어린이와 병아리)	표지
		팔뚝 시계 한 개 거저주는 특별 대현상, 특제 만년필 한 개 거저주는 대현상	표지(속)
광고		『혜성』 8월 특별호	
		팔뚝시계 주는 애독자 권유경쟁 대현상 제4회 모집	
조요(吊謠)	윤석중	못 가세요 선생님 방정환(寫眞)	1
	이정호	오호!! 방정환 선생	2~5
애도사	이종린	(내가 군의 요서한 것을)	6~7
애도사	이광수	(방 선생이 돌아가신데 대하여서는)	7~8
애도사	안재홍	(방 선생과 저와는 그럿케)	8~9
애도사	박희도	(나의 친구 여러 사람 중에도)	9~11
애도사	정홍교	(뜻밧게도 방 선생님께서)	11~12
애도사	이성환	(소파! 나의 가장 존경하든 소파 동무!)	12~13

글 종류	글쓴이	제목	쪽
애도사	최진순	(죽음은 누구라도 한 번은)	13~16
애도사	연성흠	(방정환 선생님!)	16~17
애도사	손성엽	(벌서 십 여 년 전)	17~19
애도사	최경화	(사람은 늘 보면 대수롭지 안타가도)	19~20
	윤석중	영원히 남기고 가신 두 가지 교훈	20~23
일화	진장섭	눈과 소파	6~10
일화	차상찬	감옥에서 동화	10~11
일화	최영주	순검과 소파	11~14
일화	정홍교	시간과 소파	14~15
일화	김영팔	방송과 소파	15~17
일화	류광열	「낙화」와 소파	17~21
일화	김을한	거북님과 소파	21~23
조요(弔謠)	이원수	슬픈 리별 소파 선생을 일코	24~25
	미소	파란 만튼 방정환 선생의 일생 방정환(寫眞)	26~29, 41
최후유고	방정환	고 방정환 선생 유고—어린이 독본 중에서	30~35
그림동요	한정동 / 전봉제 삽화	별당가	36
그림동요	이원수 / 전봉제 삽화	장터 가는 날	37
특별독물	양고봉	생명의 가치(2) : 나라를 위하야는 죽음도 깁부다	38~41
동요	허문일	뒷집 령감	42~43
이과실험	손성엽	종지 위에의 자세기, 조히로 물잔 올니기	42~43
태서미담	연성흠	외다리 고수	44~46
창작동화	마해송	톡기와 원숭이	47~50
순례기	치차엡·크·빼니아	씩씩하고 쾌활한 노서아의 어린이 생활	51~53
장편열혈미담	이정호	정의의 화살	54~58
소년영화소설	박누월	북국에 봄이 오면!!	59~61
장편명작소년소설	최독견	고아(1)	62~69
		7월호 현상 발표	69
		어린이신문	70~71
	李	편집후기(社告)	72
사랑의 사진첩		씩씩하고 참된 소년이 됩시다	뒷표지(속)
	박급사	방선생의 전면 「스켓취」	어린이세상
	세상직이	방선생의 끼처 주신 사업	어린이세상
만화	율산인	엉터리 병정	어린이세상
상식	윤주복	전차가 되기까지	어린이세상
독자작품	독자중	입선 작문, 동요, 동화, 전설	어린이세상
	독자중	독자담화실	어린이세상

제9권 제8호 통권 88호, 신추9월특집호, 1931.9.12.

글 종류	글쓴이	제목	쪽
표지		아긔와 검둥이	표지
		팔뚝시계 한 개 거저 주는 특별 대현상, 특제 만년필 한 개 거저 주는 대현상	
광고		『혜성』 9월호, 『중학강의』, 『고등 여학강의』, 『상업강의』	
		팔뚝시계 주는 애독자 권유경쟁 대현상 제4회 모집	
사진		(물가에 서있는 어린이)	1
특별독물	신영철	부형께 들녀드릴 이야기	2~4
편지	한민생(역)	흑노 해방의 은인 아브라함・링컨의 편지	5~7
어린이 10대 강좌	이선생	제1강 안저서 죄다 아는 두 눈의 놀나운 활동	8~10
어린이 10대 강좌	삼산인	제2강 반짝반짝 빗나는 별나라 이야기	10~13
어린이 10대 강좌	윤주복	제3강 유리가 되기까지	13~16
어린이 10대 강좌	최선생	제4강 유전(遺傳)과 사람	16~18
어린이 10대 강좌	손성엽	제5강 물로 유리 부치기	18~19
어린이 10대 강좌	안선생	제6강 초상화 그리는 법	19
어린이 10대 강좌	박선생	제7강 동물의 형상	19~20
어린이 10대 강좌	김선생	제8강 자미잇고 유익한 수공이야기	20~21
어린이 10대 강좌	황선생	제9강 자미잇고 유익한 이과 이야기	21~22
실익	양재응	생명의 가치(3) 국가를 위하야는 수화를 불피	23~25
그림동요	한정동 / 전봉제 삽화	꼬아리	26
그림동요	김영수 / 전봉제 삽화	비 오는 날	27
동화	최경화	팔 부러진 불상	28~30
사실애화	최청곡	어린 유랑군–고국에 게신 어머님께	31~33
세계우화	호당편	세계우화선집–게름뱅이게, 황새와 가재	34~35
지혜	무명초	지혜 주머니 적은 버레의 공(功)	36~38
소년생활 순례기	일기자	두 층으로 볼 수 잇는 중국 어린이들의 생활	39~42
		8월호 현상 발표	42
장편열혈미담	이정호	정의의 화살	43~46, 65
소년탐정소설	연성흠	용길의 기공	47~52, 25
소년영화소설	박누월	북국에 봄이 오면(제2회)	53~57, 33
장편소년소녀소설	최독견	고아(2)	58~65
		어린이뉴스	66~69
	李	편즙을 맛치고	70
사랑의 사진첩		씩씩하고 참된 소년이 됩시다	뒷표지(속)
부록		어린이세상(삽입)	(낙질)
	정순철	악보 보는 법	어린이세상

글 종류	글쓴이	제목	쪽
취미	월견초	세계국가순례	어린이세상
만화	율산인	엉터리 병정	어린이세상
기행	오세창	동무 차저 880리	어린이세상
	독자중	독자담화실	어린이세상
독자작품	독자중	입선작품들	어린이세상

제9권 제9호 통권 89호, 10월혁신특집호, 1931.10.20.

표지		운동의 준비	표지
광고		『신여성』10월특집호, 『별건곤』10월호, 『중학강의』, 『고등여학강의』, 『상업강의』	
권두	신영철	가을!	1
선언	편집실	어린이는 변한다	2~5
전기	차상찬	종의 아들로 대학자된 서고청(徐孤靑) 선생	6~9
사고		대혁신 『어린이』	9
	김병순	농촌소년의 가을 일기	10~11
	송계월	공장소녀의 가을 일기	12~13, 11
훈화	김호규	농촌의 소년-특히 도회에 사는 소년들에게	14~17
그림동요	김동환 / 김규택 삽화	추석날	18
그림동요	한정동 / 김규택 삽화	제비와 복남	19
		팔뚝시계 주는 애독자 권유경쟁 대현상 제4회 모집	20
동화	이영철	지독한 숫탁	21~27
		혁신기념 5백명 대현상	27
독본	신영철	문맹소년 신계몽편 제1과 문맹	28~29
편지	김태오	어린 누이동생에게	30~31
과학	윤주복	석유 이야기	32~36
소년전기	박정근	빈민굴의 소년음악가	37~41
		11월호 애독자 작품 특집호	41
이과문답	손성엽	포도맛	42~45
동요	차칠선	눈에가시 귀에가시	42~43
광고		『노동야학 교과총서』	45
역사동화	박송	평화	46~50
알림		아름다운 동요 작곡,『어린이』지 분사 대모집	50~51
전기	김규택	『진화론』을 지어낸 따윈의 연구	52~53
		어린이 뉴-스	54~55
장편열혈미담	이정호	정의의 화살	56~60
		혁신호 기념 5백명 대현상, 9월호 현상당선 발표	61
소년수필	윤재창	누-런 들	62

글 종류	글쓴이	제목	쪽
소년수필	백학서	가을ㅅ밤	63
알림		(할 수 업는 사정으로 실리지 못하게 되야)	63
소년수필	이동우	아우의 일기를 읽고	64~66
		깔깔소학교	67~69
동요	양준화	새 보는 처녀	70
동요	송귀현	영감쟁이	71
	천응규	자습실	72~73
알림		부록 폐지	73
실화	김대봉	새 두 마리	74~76
편지글	한태봉	누님에게	74~75
편지글	서금랑	옵바에게	75~76
	오세창	동무 차저서 8백80리(속)	77~79
광고		『혜성』 10월호	80~81
독자특집동요	ㄹㄱㅈ	벼가을	82
독자특집동요	선천	개미 즉음	82
독자특집동요	김대문	「집보는 아이」노래	82~83
독자특집동요	박영채	단풍닙	83
독자특집동요	태영	청개고리	83
독자특집동요	김용묵	아츰이슬	83
		독자담화실	84~85
	申	편즙을 마치고	86
사랑의 사진첩		씩씩하고 참된 소년이 됩시다	뒷표지(속)

제9권 제10호 통권 90호, 독자작품특집호, 1931.11.20.

표지	김규택	동무를 부른다	표지
광고		『신여성』 11월호, 시사언론 잡지 『혜성』, 『별건곤』 창간 5주년 기념호	
		팔뚝시계 주는 애독자 권유경쟁 대현상 제4회 모집	
권두언	신영철	떠러지는 입사귀와 내일	1
	편집인	독자 작품호를 내면서	2~5
동요	차칠선	단풍	6~7
동요	윤재창	너와 나	7
동요	노영근	짱껨보!	8~9
동요	박병도	동무여 나오라	9
동요	김광섭	이삭을 줍네	10~11
동요	지만룡	길	11
동요	박약서아(朴約書亞)	가을은 조와요	12~13

글 종류	글쓴이	제목	쪽
동요	양춘석	나	13~14
동요	박철암	베가을	14~15
동요	김신흡	하늘에 빙빙 땅에 빙빙	15
동화	박노춘	참새의 무덤	16~17
전래동화	박유중	술 못 먹는 내기	18~21
광고		『노동야학 교과총서』	21
수기	김복순	제사하는 나-제사공장 소녀 직공의 수기	22~24
미담	박귀송	적은 주의(注意)	25
만화	박녹행	트러진 꾀	26
만화	박녹행	튀여난 먹통	27
		11월호 1백명 신현상	27
소설	정홍필	농부의 아들	28~29
소설	김사엽	소년화가	30~34
동요	춘원	알른 아기	35
동요	요한	엿드면	36~37
특별독물	김경재	야학을 설치해 주소서	38~40
동요	주향두	타작노래	41
사화	차상찬	어려서 호랑이 잡은 최윤덕 장군	42~45
광고		동요작곡집 『갈닙피리』	45
독본	신영철	문맹소년 새 계몽편 제2과 해	46~47
과학	윤주복	가지가지로 씨우는 석탄 이야기	48~52
동요	홍 구	집신 한 짝 구두 한짝	50
동요	이동규	저녁거리	51
편지	김태오	동경 잇는 형님에게	53~55
동화	이영철	짤븐 이야기	56~57
전기	김규택	발명왕「에듸슨」	58~59
소개	송계월	어촌 어린이의 생활	60~63
동요	김명겸	타작노래	62~63
장편열혈미담	이정호	정의의 화살	64~67
편지글	최정희	사랑하는 동생에게	68~69
동화	최경화	씨 심는 가마귀	70~71
취미산술	손성엽	요술쟁이 산술 선생	72~74
		깔깔소학교	75
수필	백학서	타작날 아침	76~77
일기	전식	어린 농사꾼인 정동(貞童)의 생활	78~79
소년소설	강로향	새 봄	80~82
알림		(어쩔 수 업는 사정으로 실리지 못한글)	82
		독자담화실	83~85

글 종류	글쓴이	제목	쪽
	申	편즙을 마치고	86
사랑의 사진첩		씩씩하고 참된 소년이 됩시다	뒷표지(속)

제9권 제11호 통권 91호, 신미송년특집호, 1931.12.20.

표지	김규택	자각	표지
광고		『별건곤』 12월호, 『혜성』 송년호	
알림		팔뚝 시계 주는 애독자 권유 경쟁 제4회 대현상	
광고		연구사 『영어통신강좌』	
권두언	신영철	맺고 끈는 사람	3
어린 사람에게 제일 미안했든 일	최진순	어머니 양산	5
어린 사람에게 제일 미안했든 일	이광수	손대고 난 후	5
어린 사람에게 제일 미안했든 일	김경재	대답 못 한 것	5
어린 사람에게 제일 미안했든 일	최의순	제어할 것도	6
어린 사람에게 제일 미안했든 일	조동식	어른 감정으로	6
어린 사람에게 제일 미안했든 일	신명균	일부러 죽인 듯	6~7
어린 사람에게 제일 미안했든 일	박달성	지금까지	7
어린 사람에게 제일 미안했든 일	이정호	간다든 약속	7~8
어린 사람에게 제일 미안했든 일	신영철	호떡 한 개	8
	김철	해를 보내면서 동무로부터 동무에게	9~13
사화	최진순	홍경래난 이야기	14~19
광고		『노동야학 교과총서』	19
동요	주향두	야학 노래	20
동요	한정동	의 조흔 동무	21
서한	김태오	경성 동무에게	22~25
	김정섭	독자담화실 1편	24~25
소개	노양근	농촌 소년의 학교 생활기	26~30
독본	신영철	제3과 똑똑한 사람	31~33
소년과학	윤주복	물 이야기	34~37
소녀서한	최정희	시골 게신 어머님께 **서울 와 잇는 소녀 직공을 대신하야**	38~41
알림		『어린이』 대대혁신 신년호	41
유년동요	주향두	풀ㅅ대장	42~43
수기	최청곡	공장 소년 수기-**올해를 보내며**	42~43
장편열혈미담	이정호	정의의 화살	44~48

글 종류	글쓴이	제목	쪽
알림		『어린이』 지사 대모집	48
소년시	이동규	누의들은 왜?—녀직공들에게	49
서한	송계월	어촌 잇는 동생에게 비료회사에서 노동하는 동생에게	50~52
알림		투고가 제군께	52
과학독물	최경화	비행기 이야기	53~55
		깔깔소학교	56~57
소년수필	백학서	눈 오는 날	58~59
알림		독자제군께 소개	59
소년수필	윤재창	눈 나리는 밤	60
		12월호 1백명 신현상, 11월호 현상 당선 발표	61
애독자 특집동요	김춘강	각씨들아	62
애독자 특집동요	장동식	어린이 노래	62
애독자 특집동요	박귀송	가을 저녁	63
애독자 특집동요	최양숭	고등소리	63
애독자 특집동요	윤재창	가는 해	63~64
애독자 특집동요	이재문	흙장난(유년동요)	64
애독자 특집동요	배후진	비닭이	64
애독자 특집동요	양준화	오동나무	64
소년소설	김명겸	소학생	65~69
소년소설	백학서	이모ㅅ집	70~73
소년소설	강노향	영길이	74~79
애독자 특집동요	차칠선	벼ㅅ섬 나르며	76
애독자 특집동요	윤삼봉	얼골	77
소년소설	이동우	섯달	80~84
알림		어린이 지사원 변경(어린이 연강지부)	84
광고		『신여성』 송년 대대특집호	85
		독자담화실	86~87
	申	편집을 마치고	88
사랑의 사진첩		씩씩하고 참된 소년이 됩시다	뒷표지(속)

제10권 제1호 통권 92호, 신춘소년문예호, 1932.1.20.

표지	김규택	신춘의 행진	표지
광고		『별건곤』 신년 배대호(倍大號)	
알림		어린이 체재 국판 개정	
		팔뚝시계 주는 애독자 권유경쟁 제5회 현상, 신년호 5백명 신현상	
광고		연구사 『영어통신강좌』	

글 종류	글쓴이	제목	쪽
권두언	신영철	열살 · 아흔두권 · 십만 명	3~4
훈화	김경재	아들에게 들려주고 시픈 이야기	5~7
(7~10면 낙장)			
동요	한정동	멱신	6~7
사화(史話)	최진순	단군조선이야기	8~10
과학	손성엽	원숭이와 사람	10~11
독본	신영철	문맹소년 새 계몽편 제4과 새해	12~13
과학	윤주복	활동사진 이야기	14~15
동요	이구	하얀 무덤	15
	백세철	소년 견습직공의 수기	16~19
소년서한(書翰)	김태오	북만(北滿) 잇는 동무에게	20~21
소년시	김설강	새해 새날	20~21
편지글	송계월	서울 오려는 동생에게	22~23
장편열혈미담	이정호	정의의 화살	24~26, 19
소년시	김예지	뜨는 해	27
소년시	한백곤	농촌소년	28
소년시	박수봉	공장소년	28
소년시	적전아	도회소년	28
소년시	박영하	어촌소년	28
소년시	윤재창	압길을 바라보고	29
소년시	정홍필	로동자 아들은	29
수기	김명겸	고독의 동정－12세소년의 수기－	30~32
동시	김예지	어린이의 마음(童心)	30~31
동요	차칠선	항구의 새해	33
동요	김명겸	연 뛰는 새해	33
동요	류희각	북소리	33
동요	김광섭	가난의 설	33
소개	전식	우리들의 설날－(농촌머슴의 설쇠는 이야기)－	34~35
동요	전식	야학에서 헤질때	34
알림		어린이 지사 대모집	35
소년수필	강로향	새해의 첫아침	36~37
소년수필	김춘강	나무짐을 지고	37
소년수필	윤재창	새아츰의 늣김	38
소년수필	민소월	섯달 그믐날	38~39
소년수필	박노춘	제방 공사장에서	40
실화	최승욱	야학 설립한 이야기	41
독자특집동요	김춘강	판ㅅ심날	42
독자특집동요	박병도	우리집 살님	42

글 종류	글쓴이	제목	쪽
독자특집동요	박약서아	눈오는 날 밤	42
독자특집동요	고회	동무야!	42~43
독자특집동요	박철암	가련한 거지	43
독자특집동요	김대봉	떠나는 동무	43
독자특집동요	김누계	나무하러 가자	43
독자특집동요	노영근	옥톡기	43
		깔깔소학교	44~45
소년소설	이춘성	설날 아츰	46~48
소년소설	백학서	이별곡	49~51
광고		동요작곡집 『갈닙피리』	51
어촌소설	김명겸	신창환(新昌丸)의 마지막	52~55
소년소설	노양근	비처 오는 서광	56~61
소년소설	김용서	영석이와 나	62~66
광고		『현대 세계소학독본』	66
		개벽사 4대 잡지 애독자우대 1만명 대현상	67
		독자담화실	68~69
광고		『혜성』 신년호! 거탄(巨彈)! 제1신호!	70~71
	申	편집을 마치고	72
광고		『신여성』 신년특대호	

제10권 제2호 통권 93호, 2월특집호, 1932.2.20.

글 종류	글쓴이	제목	쪽
표지	김규택	농촌의 소년	표지
광고		『신여성』 2월 특집호	
광고		백여만 독자의 대소비조합 개벽사 대리점을 이용하라	
동요	윤석중	야학교 반장	1
권두	편집인(신영철)	과학을 배우자!!	2~3
상식강좌	김경재	만주사변이란 무엇이냐	4~7
조선역사독본	최진순	(2) 고조선의 분열과 외족의 침입	8~11
상식	박춘식	만주 지리 이야기	12~15
신동화	청곡	가두 예술가	12~15
독본	신영철	문맹소년 새 계몽편 제5과 깨여진 혼담	16~17
평론	백세철	신춘 소년문예 총평 -편의상 「어린이」지의 동요·동시에 한함	18~22
평론	노양근	『어린이』 신년호 소년소설평	22~25
사화	차상찬	천하명장 정기룡	26~28
통쾌실화	손성엽	설중의 항해	29~31
만화	박녹행(화)	어린이를 일으다가	31

글 종류	글쓴이	제목	쪽
편지글	송계월	(1)공장간 딸에게	32~33
알림		어린이 지사 대모집	33
편지글	최영주	(2)내 사랑하는 순남아	34~36
편지글	연성흠	(3)서울 누의동생에게	37~38
광고		개벽사 4대 잡지 애독자 우대 1만명 대현상	39
장편열혈미담	이정호	정의의 화살	40~43
		『어린이』2월호 현상문제	44
동시	이익철	어머님과 고무신	45
동화	정홍필	돌우의 정소리	46~48
전래동화	장성관	원숭이와 게	46~48
소년소설	박유중	고투(苦鬪)	49~53
광고		동요작곡집 『갈닙피리』	53
애독자 동시·동요	김광섭	큰 뜻을 품자	54
애독자 동시·동요	양춘화	겨울밤	54
애독자 동시·동요	주향두	솟곱노리	54
애독자 동시·동요	김정섭	섬 속의 소년	54~55
애독자 동시·동요	박영하	밤엿 장사	55
애독자 동시·동요	박수봉	공장 동무들에게	55
애독자 동시·동요	박수봉	소년 직공	55
애독자 동시·동요	강교근	만주의 밤	55
애독자 동시·동요	김대수	눈이 나리면	55
애독자 동시·동요	김대봉	배길	56
애독자 동시·동요	심예훈	듯지도 마소	56
애독자 동시·동요	박영하	통통통	56
애독자 동시·동요	류희각	나무ㅅ짐	56
애독자 동시·동요	박인수	눈 온날	56
애독자 동시·동요	김성도	멀지 안엇네	57
애독자 동시·동요	김대수	우리집	57
		독자담화실	58~61
광고		『혜성』 2월호!	62~63
	申	편즙을 마치고	64
광고		『별건곤』 2월호	뒷표지(속)

제10권 제3호 통권 94호, 창간9주년기념호, 1932.3.20.

표지	김규택	봄은 온다	표지
광고		와세다 『중학강의』, 『상업강의』	
그림		새로 깨여나는 봄	1

글 종류	글쓴이	제목	쪽
권두	이정호	9주년을 마지며	2~3
권두	신영철	「졸업생문제호」를 내면서	3~5
졸업생문제특집	로양근	동생아 누나야	6~7
졸업생문제특집	조재호	졸업은 한다마는—배우지 못한 어린이들을 생각하면서 배운 어린이에게—	6~7
졸업생문제특집	김경재	보교(普校) 중도퇴학생에게	8~9
졸업생문제특집	전식	상급학교에 못 가는 농촌 동무들에게	10~11
졸업생문제특집	이상관	보교 졸업생 수기	12~15
광고		『청년상식총서』문화서관	15
	고문수	졸업후의 실감—지금껏 불타든 새희망—	16~18
광고		『별건곤』 3월호	18
사고(謝告)	어린이 편집부	(실리지 못한 원고 제목들), 신년호 5백명 현상당선 발표	19
소년소설	김중곤	횃불	20~23
	최영주	한 발자죽 또 한거름	24~26
		3월호 1백명 신현상, 2월호 현상 당선발표, 제5회 애독자 권유 경쟁 대현상	27
지리	차상찬	일중사변의 중심지인 상해는 어떤곳인가	28~29
	노양근	과학적 생활	30~33
소년시	김중곤	챗죽과 팽이	31~33
독물	신영철	문맹소년 새계몽편 제6과 못가는 학교	34~35
서한	김태오	서울 동무에게—(농촌 소년을 대신하야)—	36~39
서한	전식	요노매(妖努罵) 군에게	36~38
서한	요노매	수봉 군에게	39
동화	최청곡	가두예술가(2)	40~44
광고		동요작곡집『갈닙피리』	43
유년독본	신영철	1. 제비와 집	45
동화	최경화	봄이 오기 전	46~47
장편열혈미담	이정호	정의의 화살	48~52
소년시	윤재창	몬지속 사람의 노래	50
동요	강성범	열 번 잘해도	51
동요	박영하	꾸중을 듯고	51
		깔깔소학교	53
	박연희	치수 공사장에서 농촌 노동소년의 생활수기	54~56
알림		어린이지사 대모집	56
농촌소년의 일기	한백곤	(아버지를 따라서 숫탁한 한 마리와 암탁 두 마리를)	57
농촌소년의 일기	계수(桂樹)	(밧가리와 거름 실기에 분주하든 아버지께서는)	57~58
농촌소년의 일기	유천덕	(나는 오늘 아츰에 짐뭇을 엽헤 끼고)	58
농촌소년의 일기	이동찬	(살기 위하야 하로 멧푼 안 되는 돈을 밧고)	59
동요	김종하	숫가마	60

글 종류	글쓴이	제목	쪽
동요	김창문	아침에 드른것	60
동요	강창옥	우비업는 동무들	61
동요	최은향	밤은 깁흔데	61
취미산술	손성엽	요술쟁이 산술선생	60~62
		개벽사 4대 잡지 애독자 우대 1만명 대현상	63
소년소설	계윤집	아는 대까지	64~65
소년소설	이원형	월사금	66~67
		독자담화실	68~69
광고		『혜성』 3월호 시국대세의 총전망 특집 내용!	70~71
	申	편즙을 마치고	72

제10권 제4호 통권 95호, 4월호, 1932.4.20.

표지	김규택	봄바람에 날리는 긔ㅅ발	표지
광고		『별건곤』, 『신여성』, 『혜성』 4월호, 『중학강의』, 『상업강의』	
동요	김중곤	봄 맛난 연장	1
봄노래·우리노래	김자겸	봄 스케취	2
봄노래·우리노래	차칠선	야학선생 삼년에	3
봄노래·우리노래	백곤	나무꾼 행진곡	3
봄노래·우리노래	전식	나뭇짐 지고	3~4
봄노래·우리노래	전식	낙제	4
봄노래·우리노래	허만춘	일하러 가는 소년	4
봄노래·우리노래	채규명	나무꾼 아이	4~5
봄노래·우리노래	여상현	나무동무, 글동무	5
봄노래·우리노래	박응삼	내 주먹	5
봄노래·우리노래	한백곤	그애들과 우리	5~6
봄노래·우리노래	한백곤	결심	6
봄노래·우리노래	양가빈	졸업장	6~7
봄노래·우리노래	김자겸	자장가	7
봄노래·우리노래	한천봉	솟곱작난	7~8
봄노래·우리노래	회촌(灰村)	조밥 병정만세	8
봄노래·우리노래	박일균	우리집 살님	8~9
봄노래·우리노래	박영하, 최석숭(합작)	공장 생활	9
봄노래·우리노래	이윤섭	철공장 노래	9~10
봄노래·우리노래	장수철	공장의 소년	10
봄노래·우리노래	이동우	동무들아!	10
서한	김태오	농촌의 봄 –(서울유학간 동무에게) –	11~13
시(산문)	김봉	봄	12~13

글 종류	글쓴이	제목	쪽
시사	차상찬	상해사건이란 무엇인가	14~15
조선역사독본	최진순	(3) 삼국의 건국과 발전 충돌	16~18
소년과학	이학중	인류 진화 이야기	19~21
과학		동요작곡집 『갈닙피리』	21
독본	신영철	문맹소년 새계몽편 제7과 이상한 선심	22~24
		3월호 현상 당선발표, 제5회 애독자 권유경쟁 대현상	25
소녀시	김중곤	옵바에게	26~27
편지	노양근	동경 게신 형님께-복동이를 대신하야-	26~28
동요	허삼봉	어찌합니까	28
광고		개벽사 4대 잡지 애독자 우대 1만명 대현상	29
소년평단	김막동	동무들아 그대들도 돈을 내엿드냐	30~31
알림	어린이편집부	소년평단 신설	31
신동화	최청곡	가두 예술가(완)	32~35
광고		『청년상식총서』	35
동화	최경화	제비와 박사	36~37
광고		『양양범버궁』 윤복진, 박태준 동요민요곡집	37
감상	조남영	어느 길로?-○공보(公普)를 나오며-	38~39
실화	최수복	추억-나의 소학생 시대에 운동회 갓던 이야기	40~41
소년생활기	백학서	억울한 복종-수리(水利)조합 공사장에서-	42~45
소년생활기	박봉극	섬나라 소년의 고백	45~46
		깔깔소학교	47
소년생활기	이동찬	우리들의 노동-방직회사의 어린 직공 생활기	48~49
소년생활기	이춘식	3일간 묵은 일기-철도공사장에서-	50~51
알림		두 가지 다 할 수 없이 실리지 못한다	51
소년소설	김중곤	어머니	52~56, 50
소년소설	황순원	졸업일	57~59
소설	정흥필	새 빛	60~63
소년소설	이동우	갱생(更生)	64~70
		4월호 1백명 신현상	70
		독자담화실	71
	申	편즙을 마치고	72

제10권 제5호 통권 96호, 1932.5.20.

표지	김규택	(네 동무)	표지
광고		『별건곤』 5월호	표지(속)
권두		가는 봄	1
평론	빈강어부	소년문학과 현실성	2~6

글 종류	글쓴이	제목	쪽
소년시	정홍필	빨니 물너가라—조선의 소년은 부르젓는다!	4~5
사고		(독자 동무에게 급고 꼼짝못 할 사정으로 못 실은 원고)	7
시사	차상찬	요새이에 새로 생긴 만주신국가란 무엇인가	8~9
조선역사독본	최진순	(5) 수당의 침입과 제려(濟麗)의 멸망	10~12
소년과학	손성엽	동물은 싸우기만 하는가	13~15
독자동요	동섭	「보기 조쿠나」	16
독자동요	차남성	어린 일꾼	16~17
독자동요	한백곤	새벽	17
독자동요	백곤	야학 가는 길	17
서한	노양근	고향 잇는 아우에게—일본 잇는 형으로부터—(전월호 회답)	18~21
동요	김봉	개밥	22
서한	계윤집	새봄을 마즈며 공장 동무들에게	22~23
소년시	이상인	못할 것은?	23
수기	심동석	어머니는 수고하신다(13세 보통학교 4년생의 수기)	24~28
		5월호 1백 명 신현상	29
		4월호 현상당선발표, 제5회 애독자 권유경쟁 대현상	29
수기	진동열	물방아깐 노동소년 수기	30~31
동화	전식	노랑 나븨	32~33
소년평단	이상인	사랑하는 자질(子姪)에게 조혼을 시켰습니까	34~35
소년평단	백곤	배움은 돈버리가 아니외다	35
독자평단	고문수	『어린이』는 과연 가면지일까?	36
독자평단	박노홍	김도산군의 「첫겨울」을 보고	37
유년독본	편집실	2. 지렁이와 종달새	38~39
농촌소년극	한백곤	겁내지 마라(1막)	40~42
알림	편집부	농촌에서 직장에서	42
		깔깔소학교	43
	최경화	불량 소년 기관사	44~50
소년시	황순원	언니여	48~49
소년시	허종	맘껏! 하자!	49~50
일기	유천덕	농촌소년의 봄 일기	51~53
일기	조돈상	농촌소년의 봄 일기	54~55
사고	어린이 경서지사	지사 명칭 변경	55
독자동요	박노춘	나무꾼	56
독자동요	정인혁	고무신	56
독자동요	김승하	참엇네	56
독자동요	김인호	앉은뱅이 대장	56
독자동요	한적봉	봄이 오면은	56
독자동요	강용률	이상한 노래	56

글 종류	글쓴이	제목	쪽
독자동요	송철리	「나오너라!」	56~57
독자동요	문기열	북소리 날 때	57
독자동요	김임배	아러야 한다	57
독자동요	김광섭	「오늘도」	57
독자동요	임원호	쉴새 업시 일하는 몸	57
독자동요	심동섭	날만 새면	57
소년소설	김중곤	화전의 서곡	58~59
광고		개벽사 4대 잡지 애독자 우대 1만명 대현	60
소년소설	양가빈	아버지의 미소	61~65
알림	개벽사 영업국	어린이지사 대모집	65
수필	이동찬	국경의 일경(一景)	66
광고		『신여성』 5월 특집호, 「제일선(第一線), 「신경제(新經濟)」	67
		독자 담화실	70~71
	申	편즙을 마치고	72

제10권 제6호 통권 97호, 소년생활전선특집호, 1932.6.20.

표지	김규택	(망치를 든 소년)	표지
광고		별건곤 6월호	
동요	허삼봉	제비 한 쌍	1
소년생활전선	문열기	농촌편 논뚝에서 보내는 소리	2~3
소년생활전선	박명남	보교편 이름은 공부이지만	4~7
소년생활전선	김태규	도회편 형의 생활은 이러타	7~9
소년생활전선	백치혁	인쇄편 기계 도는 미테 서서	9~12
소년생활전선	백학서	온천 번인편 두 손이 달토록	12~17
소년생활전선	고남섭	유랑편(1) 대판에 직업을 차저서	17~19
소년생활전선	박인수	유랑편(2) 간도에 발을 딋고	20~21
소년생활전선	이동찬	유랑편 만주의 직공생활	22~23
역사독본	최진순	3.삼국시대 문화	24~27
아동과학	손성엽	식물은 신경이 업는가	28~30
		6월호 신현상문제	30
동화	최경화	귀신 가튼 영감님	31~34
알림		5월호 현상 당선발표, 제5회 애독자 권유경쟁 대모집	35
동시	김대봉	아버지 손을 보고	36~37
		깔깔소학교	36~37
소설총평	노양근	『어린이 잡지』 반년간 소년소설 총평	38~43
알림		정성채 저 『소년척후교범』, 신경제 창간호 출래	43
농촌소년소설	이동우	가믈(旱魃)	44~46, 57

글 종류	글쓴이	제목	쪽
창작동화	박두정	세 가지 묘게	47~50
아동극	최윤수	원승이의 재판	51~53
소년평단	김현봉	철면피 작가 이고월군을 주(誅)함	54~57
지식	박선생	인쇄의 시초	54~56
동요총평	고문수	『어린이』지 5월호 동요총평	58~59
실익	신영철	동물의 호상부조－새이조흔 악어와 좀새－	60~61
소년소설	노양근	칡뿌리 캐는 무리들	62~65
광고		『신여성』 6월호 중요 목차	65
		독자담화실	66~67
광고		『혜성』의 개제, 『제일선』 6월 혁신호	68~69
사고		(만젓달에는 여러가지 말 못할 사정으로 말미암아)	70

제10권 제7호 통권 98호, 1932.7.20.

표지	김규택	휴일	표지
알림		본지 1백호 기념원고 대모집	
권두		소파 선생의 1주기를 마즈며	1
소년강좌	이응진	사회란 무엇인가	2~4
시사	마달	전 조선에 고아 2만명	5~7
알림	어린이편집부	농촌에서 직장에서	7
	신영철	하기방학을 맛는 생도 제군께	8~11
재외소년소식	김명학	간도에 있는 조선 소년의 형편	12~13
재외소년소식	김형준	일본 잇는 조선 소년들의 형편	13~15
소년과학	손성엽	동물과 인간의 차이	16~18
유년동화	이태준	슬퍼하는 나무	19
추도사	진장섭	소파 방형(方兄) 생각	20~22
추도사	김태규	눈물도 새로워라	20~21
추도사	이벽하	방 선생님 영전에	21~22
산문시	최청곡	농민(첫재)	23~25
소년평단	전환송	선생님에게 하고 싶은 말－14세 보교(普校)생의 항의문	26~27
동요	주향두	껏득이	28
소년시	정인혁	호미를 쥐고	29
독자평단	김재순	원컨대 자녀에게 책임감을 길러주소서	28~29
편지	박 송	시골잇는 동생에게－도회의 직공 형으로부터	30~33
편지	고문수	여자 고보(高普)누이에게－참된 사람이 되여다고	33~34
편지	조돈상	염천하에 쬐는 생활－사랑하는 남식 형에게	34~35
동요	이 구	제비	36
동요편지	윤석중	누님 전상서	37

글 종류	글쓴이	제목	쪽
동요	양근이	농촌 소년의 노래	36
동요	전 식	호매소리	36~37
동요	한백곤	야학교 퇴학생	37
동요	정영조	보리타작	37
소설총평	노양근	『어린이잡지』 반년간 소년소설총평(속)	38~42
광고		『별건곤』 7월호	43
아동극	최경화	개고리와 배암	44~47
소년시	전우한	황혼	44~45
소년시	실명씨	형님이 주신 집행이	45~47
동요	이동림	장날	47
동요	김영증	그애와 나	47
소년소설	백학서	출가자의 편지	48~52
광고		『신여성』 7월호	53
소설	정홍필	흙 한 짐-15세 소년의 수기	54~56
광고		신간소개 『윤석중 동요집』	56
		깔깔소학교	57
소설	이동우	보리이삭 줍는 소녀	58~61
알림	개벽사 영업국	어린이지사 대모집	61
동요	이호순	용사	62
동요	이화룡	헌모자	62
동요	정순철	면장나리	62
동요	양가빈	새로 진 집	62~63
동요	정대위	나의 방맹이들	63
동요	박인수	야학 가는 누나	63
동요	이윤섭	쌀밥 실어	63
동요	김성도	젊은 사공	63
지상아동영화	성동호	스-키	64~68
사고(謝告)		(부득이한 사정으로 지상에 나타내지 못하고)	68
		7월호 신현상, 6월호 현상 당선발표, 제6회 애독자 권유 경쟁 대현상	69
		독자담화실	70~71
	申	편즙을 마치고	72

제10권 제8호 통권 99호, 성하고투호(盛夏苦鬪號), 1932.8.20.

표지	김규택	더워라	표지
권두		여름과 싸우는 동무들에게	1
	김약봉	김동인 선생의 잡지 만평을 두들김	2~5

글 종류	글쓴이	제목	쪽
성하고투기	노양근	혹열과 싸우는 농촌 소년	6~9
성하고투기	정영조	어촌으로부터-죽엄을 등에 진 우리 생활	9~11
성하고투기	김숙자	물끌는 제사 공장에서-우리의 땀도 가치 끌는다	11~14
성하고투기	이화섭	화전촌의 동무를 찻고-먹음과 배움에 가치 주린 그들	14~16
성하고투기	김원식	고무공장에서	16~18
성하고투기	허 악	나는 광부의 아들-불타는 아버지의 마음은	18~19
시	이원수	벌소제(罰掃除)-비오는 날에 레포1	20~21
동화	이영철	붉은 양옥집	22~25
	개벽사 현상계	8월호 신현상문제, 1천원 대현상 발표	25
서간	박 송	여름철, 동생에게 주는 편지 석 장-김매러 가는 동생에게	26~28
서간	민소월	방학한 동생에게-시골형으로붙어	29~30
서간	양가빈	편지는 반가이 바다보앗다	30~31
동요	주항두	가방	32
동요	심동섭	부자애들	32
소년이과	손성엽	개똥버레와 반듸불-농촌의 전등 · 어린애의 동무	33~35
광고	어린이부	『신경제』 8월 특집호	35
소년시	정대위	해와 싸우는 우리들	36~37
알림		본지 1백호 기념특집호 예고	36~37
동시	정인혁	내 동무	38~39
위생	정석태	무산소년 하절(夏節)의 피부위생	38~39
광고		『신여성』 8월호, 『별건곤』 8월호	40
농촌소년극	계윤집	도야지(1막)	42~44
수필	박인수	간도의 여름밤	45
소설	이동우	이빠진 낫	46~48
사고(謝告)	편집부	(할 수 업시 못 실케 되고	48
소설	김장권	저주	49~51
용장소설	김재순	홍수가 든 날	52~55
알림	어린이편집부	농촌에서 직장에서	55
소설	정윤희	일전(一錢) 때문에	56~57
동요	정순철	여름밤	58
동요	박종환	김 매러 간 날	58
동요	박종환	일꾼의 노래	58~59
동요	차칠선	소년 어부	59~60
동요	정대위	농촌의 하로	60~61
동요	양가빈	밀물	61
동요	노영근	바위	61
동요	천종호	아리랑고개	61~62
동요	임원호	새벽나무	62

글 종류	글쓴이	제목	쪽
동요	김창문	집신삼기	62
동요	정윤희	개아미	62~63
동요	이종순	사공의 노래	63
		독자담화실	64
		7월호 현상 당선발표, 제6회 애독자 권유 경쟁 대현상	65
광고		『제일선』 8월호	66~67
		편즙을 마치고	68

제10권 제9호 통권 100호 임시호, 1932.9.20.

표지	김규택	(표지없음)	(낙장)
광고		『와세다중학강의』, 『별건곤』 9월호	
사고(社告)	개벽사 어린이부	(만천하 독자제군! 우리는 또다시 하기실흔 소리를 제군 앞에)	
가을! 생각나는 어린 때	차상찬	선생님 이마 깨틀고	4~5
가을! 생각나는 어린 때	채만식	추석날 세배	5~6
가을! 생각나는 어린 때	박승진	풋대추와 할머니	6~9
가을! 생각나는 어린 때	최신복	밤줍기와 감따기	9~11
가을! 생각나는 어린 때	신영철	고초 따고 목화 따든 긔억	11, 17
사화	청 오	김상용(金尙容) 선생의 죽엄	12~14
알림		신문광고를 폐지	14
소년지리	이학중	만주의 도회와 시골	15~17
100호를 내이면서	이정호	창간 당시의 추억	18~19
100호를 내이면서	최영주	회고 10년간	20~22
독자로부터	민봉호	오즉 감격이 잇슬뿐-독자의 한 사람으로서	23
독자로부터	김형기	소리처라	23~24
독자로부터	이상인	천만년까지	24~25
독자로부터	계윤집	『어린이』만세	25
과학	최경화	신비한 생명	26~27
(사고)		(게재 불허가 처분 원고 목록)	27
	서갑출	앞선 사람들에게 활쏘는 한 말슴	28~33
소년이과	손성엽	음악가 귀뜨라미	34~35
소년이과	김창근	가을 하눌은 왜 푸른가	35
소설평	남철인	최근 소년소설평	36~45
		9월호 신현상 문제, 『신경제』 8월 특집호	45
위생강좌	민병기	호열자(虎列刺)란 어떠한 병인가?	46~47
	한 민	우리의 레포 소년부의 보고	48~49

글 종류	글쓴이	제목	쪽
광고		『제일선』 9월호	50~51
소년시	정대위	땅 파는 노래	52
동시	차칠선	세 식구	52
동요	이형교	빨내 할머니	53
동요	이형교	빤짝 · 빤짝!	53
소년소설	정윤희	형제는 만낫다	54~58
광고	개벽사	『신여성』 9월호	59
소년소설	고문수	경수의 오누이	60~64
광고	개벽사 현상계	개벽사 4대 잡지 애독자 우대 1만명 대현상 당선발표	65
		독자담화실	66~67
알림		내용 대갱신될 『어린이』 10월호	68
		7월호 현상당선 발표, 제6회 애독자 권유경쟁 대현상	69
	신영철	편즙을 마치고	70

제10권 제10호 통권 101호, 1932.10.20.

표지	김규택	들 박게서	표지
광고		가을밤은 글읽는 밤(『사랑의 선물』 외 7책)	
사진	편집실	가을 아츰	1
사진	철도국	긔관차 행렬	2~3
사진	사진반	우리들은 갑니다 여러분 잘 잇수	4
권두	이정호	다시 책머리에	5
명화(名話)	조재호	한거름 앞서라	6~7
부탁	최영주	그대는 준비하는가(訂正)	8~9
감상	주요한	시골에 와서	10~11
동요	이구 / 김규택 삽화	보름달	12~13
사진소설	이정호 원작 / 촬영 본사 사진반	정의의 승리	14~18
수학		자미잇는 숫자(數字) 아홉의 조화, 길찾기	19
만화	김규택	씨둥이의 대모험 세계일주	20~21
역사동화	손진태	명장 강감찬	22~25
과학	진병호	기관차 견학	26~31
동화	안달선	그림 업는 그림책—달이 킷스해 준 어린이—	32~33
수리문답	심형필	씨동이 정신 검사	34~36
		우슴꽃밭	37
소개	뿌라운	아메리카 소년의 자랑	38~39
동화	진장섭	거짓말 시려하는 임금	40~44
일기		선모슴 일기	44

글 종류	글쓴이	제목	쪽
		9월호 현상 당선 발표, 제6회 애독자 권유 경쟁 대현상	45
수공	김주영	작란감 만들기—움직이는 부엉이—	46~47
취미		어린이 잡화전	48~49
동화	이영철	장미와 달팽이	50~53
지식		연구실	54~55
만화	이승철(案畵)	씨동의 요술	56~57
이소프 이야기	꼬리별	바다물 다 먹은 사람	58~60
알림	어린이편집실	당신의 노래와 글을 잡지에 내여 줍니다	60
	경화	불길한 소식(대화)	61
		「망원경」 들이는 특별 대현상 문제	62~63
아조 웃는 이야기		엉터리 병정	62~63
		독자담화실	64~65
	영주	편즙실에서	64~65
광고		10월호! 10월호 개벽사 5대 잡지 10월호	66~67
	씨동	씨동이 차지	68

제10권 제11호 통권 102호, 1932.11.20.

표지	김규택	가을	
광고		개벽사 대리부 책광고	
사진	편집실	나일강, 비행기 행렬	1~3
사진	최영주	금강산에 갓다가(정인섭, 이구, 최진순, 최영주 寫眞)	4
동요	정인섭 작요 / 정순철 작곡	굴뚝쟁이(악보)	5
각화(各話)	조재호	희망을 가지라	6~7
부탁	최영주	어려운 일 내가 합시다	8~9
감상	이구	11월 11일	10~11
동시	윤석중 / 김규택 삽화	변덕쟁이 마나님	12~13
사진소설	이정호 원작 / 촬영 본사 사진반	정의의 승리	14~18
지식		10월호 연구실 해답	18
수공	류소제	자미잇는 수수깡 작란감	19
만화	김규택	씨둥이의 대모험 세계일주	20~21
역사동화	차상찬	신라명장 김유신	22~25
동요	삼봉	가을달	24~25
어린이과학	이정희(寫眞)	비행기 견학	26~33
이소프 이야기	꼬리별	늑대와 양떼	34~35
어린이과학	심형필	겨울은 웨 치운가	36~38
	편집실	우슴꽃밭	39

글 종류	글쓴이	제목	쪽
실화	적두건	쫓겨나간 급장	40~45
지식	편집실	연구실	46~47
동화	안달선	요술피리-독일나라의 전설-	48~52
		10월호 현상 당선발표, 제6회 애독자 권유경쟁 대현상	53
취미	편집실	어린이 잡화전	54~55
동화	이영철	교만한 모밀	56~59
알림		12월호 『어린이』!! 굉장할 12월호 『어린이』!	59
수공	김주영	쉽고 자미잇는 작란감 만들기-모이 먹는 닭-	60~61
		망원경 들이는 특별 대현상 문제!!	62~63
알림		여러분의 글과 노래를 잡지에 냅니다	62~63
알림	어린이편집실	여러 동무가 함께 책 주문하면 값싸게 해 드립니다	63
	직이	독자담화실	64~65
	영주	편즙실에서	64~65
광고		11월호 『제일선』, 『별건곤』, 『신여성』	66~67
	씨동	씨동이 차지	68

제10권 제12호 통권 103호, 1932.12.20.

표지	김규택	겨울날	표지
광고		개벽사 대리부	
사진	편집실	눈 · 어름,고드름	
사진	방송국	경성방송국 JODK	2~3
사진	편집실	나는 갑니다	4
동요곡	이구 요 / 정순철 곡	시골까치(악보)	5
부탁	조재호	힘을 다하자	6~7
부탁	최영주	이 해도 마지막 간다	8~9
동요	허삼봉	겨울	10~11
감상	이구	12월 어느 날-어느 소년의 일기	12~14
동화	몽중인	컬럼보의 알	15
소년소설	최병화	선생님 사진	16~18
동화	박응삼	세 번 변한 코	19
역사동화	차상찬	저두정승 장순손(猪頭政承張順孫)	20~21
연재만화	김규택	씨둥이의 대모험 세계일주	22~23
사진소설	원작 이정호 / 촬영 본사 사진반	정의의 승리	24~28
		우슴꽃밭	29
어린이과학	윤백남	라듸오 이야기	30~34
동화	이영철	오리 색기	36~40

글 종류	글쓴이	제목	쪽
동화	몽견초	미련이 나라	41
이소프 이야기	꼬리별	공중에 집 짓는 사람	42~43
소화	이근정	중들의 절 자랑	42~43
미담	안대산	누이 동생의 새 옷	44~47
		어린이 잡화전	48~51
	김홍	그림 그리는 동무에게	52~54
		11월호 현상 당선 발표, 제6회 애독자 권유 경쟁 대현상	55
		연구실	56~57
독자동요	박영순	마중갑시다	58
독자동요	정순길	제비	58
독자동요	은월(隱月)	고개	58
독자동요	윤청산	가을밤	58~59
독자동요	김형식	조름	59
독자동요	김장수	초생달	59
독자동요	김용선	눈이 오면	59
		독자담화실	60~61
	영주	편즙실에서	60~61
		「망원경」 들이는 특별 대현상 문제!!	62~63
알림		여러분의 글과 노래를 잡지에 냅니다.	62~63
광고			64~66
		11월호 연구실 해답	67
	씨동	씨동이 차지	68
알림		어린이 신년호 굉장 또 굉장!! 대대 특집	뒷표지(속)

제11권 제2호 통권 105호, 1933.2.20.

표지		(색동옷 입은 아이들의 널뛰기)	표지
광고		개벽사 5대 잡지 2월호, 문화서관	
사진		연이다! 연이다!, 지금과 옛날, 놀랫습니다 요	1
동요	윤복진 요 / 정순철 곡	옛이야기(악보)	5
	김광섭	참된 용기	6~7
	이태준	길에서 얻은 연필	8~9
(동시)	이 구 / 김규택 삽화	외따로운 집	10~11
소년소설	이정호	군밤장사	12~17
연재만화	김규택	씨둥이의 대모험 세계일주	18~19
	정순철	노래 잘 부르는 법–동요 『옛이야기』를 발표하면서	20~24
	심형필	알앗다–대과학자 알키메데스 이야기	25~27
		12월호 연구실 해답	27

글 종류	글쓴이	제목	쪽
소년장편소설	강남춘	개선가(1)	28~34
알림		(지난 달 동요곡 설날 중에 잘못된 것 알림)	34
동화	안대산	돌부처	35~37
동화	이영철	작은 나사못	38~41
알림		창간 10주년 기념 어린이 작품모집	41
		정초노리 여섯가지	42
역사강화	차상찬	맹고불 맹정승	47~49
		연구실	50~51
장편소설	최병화	우리학교—귀중한 일축(一蹴)	52~57
동요	계수(桂樹)	겨울밤	58
동요	임원호	눈	58
동요	김이원	밝은달	58
	이한영	바람	59~60
	박진식	개갭이의 내력	60
사고		(어린이 3월호 창간 10주년 기념특별호)	61
		애독자 권유경쟁 제6회 발표, 12월호 특별 현상 당선 발표	62~63
		독자담화실	62~63
광고	하안명언(河岸明彦)	학생시대의 폭음 폭식이 원인으로 위장을 상햇든 것이 이러케 하야 완쾌	64~66
광고	대야관(大野寬)	연주창(連珠瘡)과 장결핵으로 신음햇으나 요양이 유효하야 착착 검정 준비	65~66
		2월호 특별 대현상 문제	67
	씨동	씨동이 차지	68

제11권 제3호 통권 106호, 창간10주년기념호, 1933.3.20.

표지		(언덕에 앉은 남매와 인형)	표지
광고		와세다 『중학 강의』	
사진	편집실	봄! 봄나물! 봄꽃!	1
사진	사진반	어린이 잡지 발행하는 개벽사	2~3
사진	편집실	지상 동물원(1) 호랑이	4
권두		어린이 창간 10주년 기념	5
	최영주	열돌 맞이를 하면서	6~7
사랑하는 조선 어린이에게	최선익	이 강산의 보물	8~9
사랑하는 조선 어린이에게	조동식	적으면서 큰 것	9~10
사랑하는 조선 어린이에게	조만식	내가 조와하는 소년	10~11
사랑하는 조선 어린이에게	송진우	거짓말 말어라	11~12

글 종류	글쓴이	제목	쪽
사랑하는 조선 어린이에게	조기간	나의 부탁	12
	애지씨	화초밭을 만듭시다	8~11
	최영주	미안한 말씀	11~12
이야기	이태준	겨울꽃	14~15
유희창가	이헌구 작 / 정순철 곡	초ㅅ불	16~17
유희창가	이헌구	초ㅅ불 해설	16~17
유희창가	이헌구 요 / 정순철 곡	초ㅅ불1, 2(악보)	18
동요	이원수 요 / 정순철 곡	봄바람(악보)	19
소년장편소설	강남춘	개선가	20~25
장편소설	최병화	우리 학교-슲은 졸업식-	26~29
동요	우춘(又春)	버드나무	28~29
동화	홍복련	임금귀는 나귀귀	30~31
알림		어린이 4월호 안내	
	김주영	나물 뜯으러 갑시다	32~34
	심형필	감쪽같치 속아넘은 심령술(?) 한 가지	35~37
이야기	이구	봄과 큐-피	38~41
사화	차상찬	철혈 남아 남이장군	42~44
	광고부	초고레-트 이야기	45
	주요섭	과학적이란 무엇인가	46~47
		어린이 잡화전	48~49
소년소설	이정호	군밤 장사	50~53
동화	이영철	개와 늑대	54~57
입선작품란	강소천	곱단이	58
입선작품란	김종성	고요한 밤	58
입선작품란	강용률	내 동생	58
입선작품란	김용빈	이른 봄	58~59
입선작품란	계수	숨박곡	59
알림		여러분이 보내준 투고를 읽고나서	59
알림		어린이 창간 10주년 기념 5대 계획 발표!!	60~61
알림		독자사진란 신설	61
		독자담화실	62~63
		신년호 현상 당선 발표	62~63
작문	동경 잇는 소학생들	우리들은 이러케 해서 튼튼하야 젓습니다	64~66
		2대 특별 대현상	67
	최영주	편즙실에서	68

제11권 제5호 통권 108호, 1933.5.20.

글 종류	글쓴이	제목	쪽
표지		(표지 없음)	표지
사진		지상 동물원 제3회 코끼리, 녹성 동요연구회 동요합창	1~2
		우리들의 약속	3
	준비회	어린이날 노래	4~5
		어린이날! 우리의 약속!	4~5
명화(名話)	허대일	회원(懷遠)의 부탁	6~7
	윤석중(역)	종달새와 금붕어	8~9
	윤석중(역)	언니의 언니	9
	윤석중(역)	먼지	10
	윤석중	자물쇠	11
동화	송기화	꾀주머니	12~13
소년장편소설	강남춘	개선가	14~19
		아홉의 비밀	19
웃은 이야기	춘풍생	방귀값에 가나	20~21
광고		신여성 5월호	21
장편소설	최병화	우리학교-희망을 찾는소리	22~25
		애독자 모집 대현상!!	25
동화	방정환	귀먹은 집오리	26~28
광고		별건곤 5월호	28
동요	정순철 곡 / 작요자 미상	어미새(악보)	29
동화	이영철	개나리꽃과 꾀꼬리	30~33
광고		윤석중 동시집 『잃어버린 댕기』	33
역사강화	차상찬	천하명궁 이지란(李之蘭)장군	34~36
취미	씨동이	좀 먹은 산술	37
		어린이 잡화전	38~39
명화	삼산인	둑겁이 재판	40~42
		굉장한 약방문	42
어린이과학	적두건	태양나라 이야기	43~48
동화	기진(역)	꾀꼬리 폭포	49~53
(동시)	서덕출	들로 나가자	54
알림		창간 10주년 기념 축하회-4월 28일 밤에 성대히 거행	54~55
사고		지사 신설 사고	55
입선동요	강소천	울 엄마 젓	56
입선동요	최일화	버들개지	56
입선동요	배선권	졸업날	56

글 종류	글쓴이	제목	쪽
입선동요	배선권	나는요	56
입선동요	김만조	하라버지 노래	56
입선동요	고호봉	붉은 연필	57
입선동요	최영조	편지왓서요	57
입선동요	권오순	새일ㅅ군	57
입선동요	권오순	울언니처럼	57
입선동요	한적봉	눈(雪)	57
		독자작품모집 규정	58
알림		만화, 통신, 소화도 모집	59
		어린이 잡화전	58~59
		독자담화실	60~61
		어린이 방송국	60~61
		5월 신현상, 3월호 현상 당선 발표	65
	최영주	편즙을 마치고	66

제11권 제6호 통권 109호, 1933.6.20.

표지		나비가치	표지
광고		『신여성』, 『별건곤』, 『신경제』, 『어린이』 6월호	
사진		원숭이 사진사	1
사진		전속력! 전속력!	2~3
어린이 독자 사진		우리동무	4
동요	최옥란 요 / 홍난파 곡	햇빛은 쨍쨍(악보)	5
	윤석중	입사 인사	6~7
동요	지용	말	8
동요	지용	딸레(인형)	9
동요	파인	오층대집	10~11
동요	소월	엄마야 누나야	12
동요	석중	샘	13
얘기	이태준	꽃장사	14~15
얘기	전영택	달이 말하기를	16~17
동화	김자혜	황금빛 유리창	18~19
얘기	임병철	나의 의문	20~21
아동소설	박노일	동물원	22~23
얘기	윤백남	물에 빠진 사탕	24~27
만화		대망신	24~26
		암호풀기	27
동화	이영철	옥순 어머니	28~31

글 종류	글쓴이	제목	쪽
광고		윤석중 동시집 『잃어버린 댕기』	30~31
입선동요	강소천	봄바람	32
입선동요	장석일	한아름만	32
입선동요	고호봉	병아리	32
입선동요	김형식	가루 사탕	32~33
입선동요	임원호	꽃닢파리	33
입선동요	쌍가매	오이	33
알림		투고환영	33
동화	고한승	욕심쟁이 세 첨지	34~37
동화	김복진	대머리 하라버지	38~41
		깔깔소학교 동창회	42~43
소년소설	홍구	누나	44~47
아동소설	이무영	장미꽃과 꾀꼴새	48~53
알림		내가 아버지라면	53
알림		『어린이』 7월호 예고	54~55
광고	이삼용, 조대하		56~58
아동소설	박태원	오남매(제1회)	59~65
광고		신간 소개 『조선동요백곡집』 『조선가요작곡집』	65
		대현상, 4월달치 상타기 발표	66~67
	최영주, 윤석중	남은 잉크	68

제11권 제7호 통권 110호, 1933.7.20.

표지		(양산 쓴 남매)	표지
광고		『신여성』, 『별건곤』, 『신경제』, 『어린이』 7월호	
사진		여러분 안령합소?	
동요	곽노엽	나발꽃	6
동요	이태준	바지 셋	7
동요	박팔양	편지	8
동요	윤석중	구름	9
아동소설	박태원	오남매(제2회)	10~13
만화		(제목 없음)	14~15
아기소설	김동길	한길이와 참새	14~15
아동소설	이영철	어머니의 사랑	16~19
유년소설	최병화	고아원 종소리	20~21
동화	김복진	꼬맹이 양	22~23
동화	주요섭	진달래와 옥순이	24~27

글 종류	글쓴이	제목	쪽
애란 동화	그레이비스 / 임병철(역)	돈보의 산머리	28~29
동화	박화성	연남이와 연자	30~33
		어린이 백화점	33
입선동요	김호길	참새	34
입선동요	홍봉하	소낙비	34
입선동요	어윤걸	아침	34~35
입선동요	나방우	은구슬	35
입선동요	장석일	시계	35
입선동요	함영기	새벽 항구	35
입선동요	정윤희	땅 재먹기	35
		어린이 담화실, 어린이 방송국	36~37
		대현상, 5월달치 상타기 발표	38~39
광고	김길성, 김신배		40~42
사진		(섬 사진)	43
하기 어린이독본	신명균	제1과 한글 글에도 법이 있어야 한다	44~45
하기 어린이독본	이윤재	제2과 역사 살수대전	46~47
하기 어린이독본	김교신	제3과 지리 우리 조선반도	48~49
하기 어린이독본	이덕봉	제4과 식물 물에 사는 식물	50~51
하기 어린이독본	심형필	제5과 과학 번갯불 이야기	52~53
하기 어린이독본	이선근	제6과 위생 여름철 위생	54~55
하기 어린이독본	김보영	제7과 보건 여름과 어린이	56~57
하기 어린이독본	윤극영 역요 작곡, 오인경 유희 해설	제8과 유희 연못 속(악보)	58~59
하기 어린이독본	주요한 요 / 홍난파 곡	제9과 동요 꽃밭(악보)	60~61
하기 어린이독본	윤백남	제10과 동화 벌거벗은 임금님	62~63
하기 어린이독본	이광수	제11과 소설 수암이의 일기	64~65
하기 어린이독본	정인섭	제12과 동극 바보의 성공	66~70
알림		8월호 『어린이』는 만화특집호!!	71
	윤석중	남은 잉크	72

제11권 제8호 통권 111호, 1933.8.20.

표지		(바다를 손으로 가리키는 소년과 바라보는 소녀)	표지
광고		『신여성』『별건곤』『신경제』, 동시집 『잃어버린 댕기』	
사진		빙산 정복	
만화	석영	씨동이와 크쇠(목차에는 『씨동이의 꾀』로 나와있음)	6~7
만화	구본웅	어름과자	6
만화	길진섭	병아리 잡기	7

글 종류	글쓴이	제목	쪽
만화	노수현	밉든 어머니	8
만화	이상범	들에 나가	8
만화	이승만	성가신 아기	9
동요	정지용	띠	10
동요	정지용	저녁놀	11
동요	이헌구	다람쥐	12
동요	윤석중	하늘	13
아동소설	박태원	오남매(제3회)	14~18
		신통한 병신	18
		이건 참 자미 잇고나	19
물나라 전설	신영철	박연폭포 이야기	20~23
독일동화	박영희(역)	별돈	24~25
	은하수	해녀의 이야기	26~28
동화	박화성	연남이와 연자(제2회)	29~31
동화	김복진	금닭	32~33
만화		(안달뱅이 낚시꾼이)	32~33
동화	이영철	울지 안튼 민충이	34~35
동화	최영주	신기리 장수의 꿈	36~39
		제일 지식	39
과학	심형필	장마는 웨 지나?	40~41
소년장편 연재소설	강남춘	개선가	42~47
		깔깔소학교	47
사실애화	월견초	아버지를 차저서 도보 2천리	48~50
아동소설	홍구	첫지는 햇지만	51~55
입선동요	고호봉	안경	56
입선동요	강소천	호박줄	56
입선동요	이찬오	시게	56
입선동요	장수철	여름비	56~57
입선동요	오세창	봉사꽃	57
입선동요		어린이 백화점	56~57
동극	이무영	가난뱅이 왕자(3막)	58~63
		대현상, 6월달치 상타기 발표	64~65
		어린이 담화실, 어린이 방송국	66~67
광고			68~70
알림		9월호 예고	71
	윤석중	남은 잉크	72

제11권 제9호 통권 112호, 초가을호, 1933.9.20.

글 종류	글쓴이	제목	쪽
표지		(피리부는 소년)	표지
사랑의 사진첩		씩씩하고 참된 소년이 됩시다	
사진		어린이 초가을호	
가을꽃	김원주	따리아	6
가을꽃	김자혜	봉숭아	7
가을꽃	윤봉태	분꽃	7~8
가을꽃	이태준	과꽃	8
가을꽃	이석훈	들국화	8~9
가을꽃	최영주	해바라기	9
동요	정지용	산 넘어 저쪽	10~11
동요	한정동	고향 생각	12~13
동요	윤석중	탱자나무	14~15
동요	최순애	가을	16~17
어린이독본	이광수(寫眞)	제1과 병 없어라	18~21
과학	김규창	가을이 되면 왜 나무닢이 지나	22~23
과학		돌이 둥둥 뜨는 강	23
만화		고양이와 쥐	22~23
소년소설	심명순	두 동무(1)	24~27
		이야기거리—말 노릇 한 사람, 산 이쑤시개	27
작곡	윤극영 요, 곡	기러기(악보)	28~29
	윤극영	어엽븐 노래는 엇더케 부르나?	28~29
아동소설	박태원	오남매(제4회)	30~33
소녀소설	김자혜	비단옷	34~35
동화	고한승	바위의 슬픔	36~39
탐험	박상엽	아메리카의 발견(1)	40~44
우리판 독자차지(동화)	최일화	쥐구녕에 든 황소	45
우리판 독자차지	진동렬	장마 일기	46
우리판 독자차지	고호봉	여름 저녁	46~47
우리판 독자차지	권오순	3일간 일기	47
동요	장석일	모자	46
동요	김재순	이슬	46
동요	임원호	달나라	47
동요	이낙주	제비	47
내가 아버지라면	김오득, 노한인, 유천덕, 이홍수		48

글 종류	글쓴이	제목	쪽
내가 아버지라면	신석범, 진동렬, 전덕교, 김성도		49
만화		대잔치	48~49
		어린이 담화실, 어린이 방송국	50~51
동화	김복진	현철이와 옥주	52~55
아동소설	이태준	불상한 삼형제	56~58
		대현상	58
동극	이무영	가난뱅이 왕자(전3막)	59~63
광고		『신여성』 잡지 신추(新秋) 특별호	63
아동소설	홍구	누구의 잘못이냐?	64~67
광고			67~70
		신현상, 7월달치 상타기 발표	71
	윤석중	남은 잉크	72
광고		별건곤 대망의 9월 특별호	73

제11권 제10호 통권 113호, 편지특집호, 1933.10.20.

표지	안석주	(팔에 책을 낀 소년과 소녀)	표지
내제화	김규택	(편지 쓰는 어린이)	
광고		와세다『중학강의』	
가을과 편지	김자혜	기호에게	6~7
가을과 편지	최영주	어린 딸한테	7~8
가을과 편지	피천득	어린 벗에게	8~9
가을과 편지	모윤숙	사촌 아우에게	9~10
가을과 편지	박팔양	은숙에게	10~11
가을과 편지	이석훈	조카에게	11
동시	심훈	어린 것에게	12~13
동요	주요한	가신 누님	14
동요	정지용	홍시	15
동요	크리스티나·로세티 / 윤석중(역)	바람	16
동요	이원수	교문 밖에서	17
어린이독본	설의식(寫眞)	제2과 점잔타	18~19
동화	피천득	석류씨(호-손 작)	20~23
새곡보	윤석중 작요 / 윤극영 작곡	외나무 다리(악보)	24
창작동화	마해송	호랑이 · 고깜	26~29
광고		이정호 『사랑의 학교』	29
가을의 과학	심형필	서리 이야기	30~31

글 종류	글쓴이	제목	쪽
동화	임병철	은혜 갚은 범	32~35
동화	김복진	현철이와 옥주	36~37
소설	홍구	누구의 잘못이냐?	38~39
소년소설	심명순	두 동무(2)	40~43
		이야기 거리, 어린이 병원, 제일지식	43~45
탐험 이야기	박상엽	아메리카의 발견(2)	46~49
광고			50~52
우리판 독자차지	임인식	당신 나이를 아러마칩니다.	53
우리판 독자차지	장시철	싸구료, 싸구료	53
우리판 독자차지		새 신 신구 시집 갈가	53
우리판 독자차지	이민식	노인과 ㄱ ㄹ	53
동요	정노강	왕아지와 벳쟁이	54
동요	황원복	송아지	54
동요	김형기	무지개	54
동요	이찬옥	옹기장사	55
동요	최일화	귀뜨리 음악	55
동요	권오순	하늘과 바다	55
작문	김기정	우리 학교	54
작문	강승한	가을밤	55
만화		어렵소	56~57
		어린이 담화실, 어린이 방송국	58~59
동극	이무영	가난뱅이 왕자	60~63
톨스토이동화	박태원 / 이승만 삽화	바보 이반	64~70
알림		신현상, 8월달치 상타기 발표	71
	윤석중	남은 잉크	72
광고		『별건곤』 10월호, 『신여성』 10월호	뒷표지(속)

제11권 제11호 통권 114호, 1933.11.20.

표지	안석주	(농구하는 어린이들)	표지
사랑의 사진첩		씩씩하고 참된 소년이 됩시다	
그림		(요람의 아기 구경)	5
소설	이광수	손가락	6~7
신동요	정지용	옵바 가시고	8
신동요	윤석중	연못	9
신동요	이상준	타작(특선)	10~11
전설	윤영	아토리의 종	12~15
어린이독본	김동환(寫眞)	제3과 못 입엇다고 설어 마라	16~18

글 종류	글쓴이	제목	쪽
동화	이영철	까마귀	19~23
시화	김소운	오금아 힘써라!	24~25
창작동화	마해송	호랑이 · 고깜	26~29
새곡보	윤극영 요, 곡	앞으로 갓(악보)	30~31
동화	김복진	일곱 마리 까마귀	32~35
		깔깔소학교	35
		어린이 병원, 이과 교실	36~37
탐험 이야기	박상엽	아메리카의 발견(3)	38~41
소년소설	심명순	두 동무(3)	42~45
과학	심형필	근세 대과학자 「뉴톤」의 이야기	46~47
동화	피천득 역	석류씨(호-손 작)	48~53
광고	김대길, 지천룡		54~56
우리판 독자차지	강승한	(소화) 빠르긴 빠르군	57
우리판 독자차지	고호봉	(동요)달	58
우리판 독자차지	이찬옥	(동요)엄마 잃은 별	58
우리판 독자차지	장수철	(동요)뜰	58~59
우리판 독자차지	이낙주	(동요)헌 책	59
우리판 독자차지	강승한	(동요)댕기	59
우리판 독자차지		작은새와 시인	58
우리판 독자차지		자기를 기다려	59
우리판 독자차지		그림이 돼버린 글자	60
우리판 독자차지		통 속에 든 아기, 엇던거와 엇던거?	61
		어린이담화실, 어린이 방송국	62~63
톨스토이 동화	박태원 / 이승만 삽화	바보 이반	64~70
동극	이무영	가난뱅이 왕자(제3막의 계속)	70
		신현상, 8월달치 상타기 발표	71
	윤석중	남은 잉크	72
특고		『별건곤』 12월호!! 8주년 기념호 겸 대혁신호	뒷표지(속)

제11권 제12호 통권 115호, 도깨비특집호, 1933.12.20.

표지		(스케이트 타는 소년)	표지
사랑의 사진첩		씩씩하고 참된 소년이 됩시다…	4
사진		(웃고 있는 남자 아이)	5
어린이독본	이은상(寫眞)	제4과 소경 학생의 경례	6~7
동화	피천득(역)	석류씨(호-손 작)	8~9
과학	한인석	저번에 다녀간 「말코니」는 누구?	10~11
소년야담	윤백남	아홉살 먹은 명포교-이홍장(李鴻章)의 일화-	12~13

글 종류	글쓴이	제목	쪽
동요	한정동	서당 글동무	14
동요	오장환	눈	15
동요	윤석중	귤	16
동요	윤석중	오리 발자욱	17
애기동화	김복진	고양이	18~19
		깔깔소학교	19
소년소설	심명순	두 동무(4)	20~23
소화	이태준	엄마 마중	24~25
동화극	모기윤(개작)	집으로 가자(전 1막)	26~29
학교소설	최병화	경희의 벤또	30~31
탐험 이야기	박상엽	아메리카의 발견(4)	32~35
알림		신년 특대호 십대 특별기사 신년호에 납니다	36~37
도깨비 특선	심형필	조선 도깨비	38~41, 44~45
신만화		어-렵쇼	41
도깨비 특선	이영철	뽀비와 도깨비	42~44
도깨비 특선	윤석중	도깨비 열두 형제	44~45
도깨비 특선	류광렬	도망간 도깨비	46~47
도깨비 특선	박달성	도깨비 잡든 일	48~51
광고	윤석중	윤석중 동시집 『잃어버린 댕기』	50~51
광고			52~54
우리판 독자차지	이방육	(소화) 말을 돌려라	55
우리판 독자차지	이찬영	2일간 일기	56
우리판 독자차지	안종손	무서운 꿈	56
우리판 독자차지	강승한	늦은 가을	56~57
동요	노강	서리	56
동요	김상익	함박눈	56~57
동요	정윤희	나무닢	57
정보		쉽고 재밋는 그림 그리기	58~59
		어린이 담화실, 어린이 방송국	60~61
		어린이 병원, 이과교실	62~63
톨스토이동화	박태원 / 이승만 삽화	바보 이반	64~70
신만화		이런 제-기	69
알림		신현상	71
		10월달치 상타기 발표	71
	윤석중	남은 잉크	72
광고		『별건곤』 대망의 12월 특집호	뒷표지(속)

제12권 제1호 통권 116호, 신춘호, 1934.1.20.

글 종류	글쓴이	제목	쪽
표지	안석주	(개와 소년)	표지
		신현상, 독자작품모집	
사진		글 써 주시는 선생님들 : 설의식, 신명균, 조재호, 심형필, 이영철, 김복진, 안석주, 심훈, 홍난파, 김규택, 이헌구, 임병철, 박상엽, 박팔양, 김소운, 모윤숙, 한정동(寫眞)	
사진		우리들의 선생님 방정환, 이정호, 최영주, 윤석중(寫眞)	
동요	윤석중 작요 / 윤극영 작곡	기러기 글씨(악보)	6~7
	송진우 외	1행 연하장	8~9
부탁	이광수	새해 축원으로 어린 동포들에게	10~11
감상	마해송	낫선 설	11
사기(史記)	이은상	조선 공부	12~15
동요	주요한	아모도	16~17
동요	한정동	눈 온 아침	18~19
독본	이윤재(寫眞)	제5과 애쓰자	20~21
아동소설	박화성	북악산 높이	22~25
역사	차상찬	12장사로 몽군을 대파 고려용장군 김경손	26~29
동심소화(小話)	김소운	씨동무	30~31
톨스토이 동화	박태원 / 이승만 삽화	바보 이반	32~36
광고		시에론 레코-드(동가극 『달님과 개고리』)	37
소녀소설	김자혜	댕기	38~39
신만화		엉금엉금	39
전기	홍난파	악성의 소년시대1 -여섯 살부터 연주여행 다닌 모차-ㄹ트	40~43
		방석 작란	43
동화	이영철	자각돌	44~45
한글	신명균	마침법 이야기(1)	46~49
소년소설	심명순	두 동무	50~53
동화	최일화	새벽 범	53
광고			54~56
동화	피천득	석류씨(호-손 作)	57~61
입선동요	김형식	줄넘기	62
입선동요	강승한	바지	62
입선동요	고호봉	눈	62
입선동요	박병원	전신대	62
입선동요	한인현	아가아가	62~63
입선동요	한인현	겨울 바람이	63

글 종류	글쓴이	제목	쪽
입선작문	권오순	눈오는 날	62
입선작문	배선권	눈온 아침	62~63
입선작문	백영식	빵장사 아이	63
		어린이담화실	64~65
		유희실	64~65
야담	윤백남	소년 서유기	66~71
		얼골 마치기, 꼬리잡기	71
	최영주, 이정호, 윤석중	편집을 마치고	72
광고	개벽사	『별건곤』 신년호	뒷표지(속)

제12권 제2호 통권 117호, 1934.2.20.

표지		(표지 없음)	(낙장)
내제화		(눈 쌓인 나무와 아이들)	
동요	윤석중 작요 / 윤극영 작곡	한 개 두 개 세 개(악보)	10~11
	이선희	땀이 줄줄 흐르도록 뛰고 놉시다	12~13
	최영주	쥐불 구경	13
조선전설	임병철	꿩의 희생	14~17
	차상찬	오리(梧里) 이정승	18~21
		오케 레코드	21
독본	이헌구(寫眞)	제6과 꿈	22~23
동화	이영철	깨진 꽃병과 순이	24~25
신만화		이래도?	25
이과이야기	윤석중	사람과 곤충	26~29
광고		어린이 신여성 구독권유	29
동심소화(小話)	김소운	김치ㅅ국	30~31
소년소설	심명순	두 동무(끝)	32~35
광고		윤석중 동시집 『잃어버린 댕기』	35
동요	한정동	겨울밤	36~37
한글	신명균	마침법 이야기(2)	38~40
알림		보고싶은 글, 신현상	41
	이은상	조선공부(2) — 조선땅과 조선사람	42~45
톨스토이 동화	박태원 / 이승만 삽화	바보 이반	46~51
신유희		뻐스	51
광고			52~54
전기	홍난파	악성의 소년시대2 — 병약의 천재 「쇼팽」	55~57
동시	오장환	바다	58

글 종류	글쓴이	제목	쪽
동시	오장환	기럭이	58~59
동시	오장환	수염	59
입선동요	홍순원	고둥	58
입선동요	홍순원	뜬다	58
입선동요	고호태	빨간 얼골	58
입선동요	김상익	달님	58
입선동요	이형록	봄 왓다고	58~59
입선동요	박병원	설매	59
입선동요	박병원	바람	59
입선동요	김영준	찬바람	59
		어린이소신문	60~61
		어서 한 번 해 보십쇼	62~63
		(깔깔소학교)	64~65
		어린이담화실	64~65
야담	윤백남 / 구본웅 삽화	소년 서유기2	66~71
	윤석중	편집을 마치고	72

제12권 제3호 통권 118호, 창간11주년기념호, 1934.3.20.

표지	안석주	이른 봄	표지
광고		와세다 『중학강의』	
사진		애기야 뽀뽀, 귀여운 애기, 비행기 자동차(그림 그리는 아이)	
동요	윤석중 요 / 윤극영 곡	담모통이(악보)	10~11
기쁜 열한 돌	신영철	(『어린이』 잡지를 생각할 때마다 반드시 따라서)	12
기쁜 열한 돌	이정호	(지나간 이야기는 하지 않겟습니다.)	12
기쁜 열한 돌	조재호	(첫재 손을 깨끗이 하고 음식을 알맞게 먹읍시다)	12~13
기쁜 열한 돌	최영주	(어린이 잡지는 언제까지나 조선 어린 동무의 친구)	12~13
기쁜 열한 돌	정인섭	(열한 살 되는 『어린이』 생일을 축하합니다.)	13
기쁜 열한 돌	윤석중	(열두 살! 인젠 누가 봐 주지 아니하더라도)	13
열한 돌의 선물	조동식(寫眞)	씩씩할 때 씩씩하라	14
열한 돌의 선물	김원영(寫眞)	믿버라	14
열한 돌의 선물	박영근(寫眞)	조선 사람 거름거리	15
열한 돌의 선물	박준호(寫眞)	우선 사람이 되라	15
열한 돌의 선물	이유응(寫眞)	맘을 한데 모자	16
열한 돌의 선물	박치훈(寫眞)	순해라	16
열한 돌의 선물	박영조(寫眞)	도음이 되라	17
열한 돌의 선물	김만수(寫眞)	너를 속이지 마라	17
사기	이은상	조선공부(3) 화랑이란 것	18~21

글 종류	글쓴이	제목	쪽
어린이독본	이무영(寫眞)	어린이독본 제7과 귀여운 세배꾼	22~23
회상	이광수	봉아(鳳兒) 생각 몇가지	24~29
광고		윤석중 작곡 동요집	29
역사	차상찬	평강공주와 바보온달	30~33
동요	한정동	아지랑이	34~35
조선전설	임병철	쇠신 신은 장수	36~37
동화	김복진	호랑이	38~41
동화	피천득	석류씨(마지막)	42~47
알림		동시독본 『잃어버린 댕기』	47
톨스토이 동화	박태원 / 이승만 삽화	바보 이반	48~53
만화		(의자의 노인)	53
광고			54~56
전기	홍난파	악성의 소년시대(3) 음악의 시조 「빽흐」	57~59
입선동요	선우해영	연아 연아	60
입선동요	남일우	눈	61
입선동요	박영하	밤 굽기	60
입선동요	함영기	배웅	60
입선동요	김진규	물방아	60
입선동요	김상옥	엄마	60
입선동요	한인현	문턱	61
입선동요	배선권	노래	61
입선동요	박병원	소	61
		어린이소신문, 어린이소학교, 어린이 담화실	62~65
야담	윤백남 / 구본웅 삽화	소년서유기(3)	66~71
유희		귓속(신유희)	71
알림		독자작품모집	72
	윤석중	편집을 마치고	72
		1백명 현상, 상타기 발표	

제12권 제4호 통권 119호, 봄마지호, 1934.4.20.

표지	안석주	(줄넘기하는 소녀)	표지
		1백명 현상, 상타기 발표	
사진		엄마한테 옛날 얘기 듣는 오리떼, 동물전람회	
그림		(시소 타는 아이들)	
동요	한정동	봄은 어디서	10~11
동요	이헌구	오랑캐꽃	12~13
전설	이유순	봄꽃 전설(1) 개나리꽃	14~15

글 종류	글쓴이	제목	쪽
전설	조복희	봄꽃 전설(2) 씀바귀꽃	16~17
전설	김입분	봄꽃 전설(3) 할미꽃	18~19
동화	진장섭	일봉이와 참새	20~23
독본	박화성(寫眞)	어린이 독본 제8과 봄을 학대마시오	24~25
조선전설	임병철	의마(義馬)	26~29
어른아이 합작동요	(문) 정인섭 / (답) 정영옥	겨울	30~31
소감	심형필	제비의 강남선물	30~31
과학	윤석중	사람 눈이 되기까지	32~35
동화	이영철	어떤 언니와 아우	36~37
역사	차상찬	천하 용소년 최윤덕 장군	38~39
한글	신명균	마춤법 이야기(3)	40~43
톨스토이동화	박태원	바보이반(마지막)	44~51, 23
광고			52~54
전기	홍난파	악성의 소년시대(4) 직공의 아들 「하이든」	55~57
과외	이건호	「멘탈테스트」이약이	58~59
입선동요	함영기	휘파람	60
입선동요	함영기	애기별	60~61
입선동요	함영기	바람	61
입선동요	강소천	언덕길	
입선동요	강석홍	봄바람	60
입선동요	장석일	앵금치기	60
입선동요	한인현	거울	60
입선동요	최상천	봄바람	60~61
		어린이소신문	62~63
특선만화		누구의 잘못?	62
		어린이 담화실, 어린이 소학교(笑學校)	64~65
야담	윤백남 / 구본웅 삽화	소년 서유기(4)	64~65
		독자 작품 모집	66~71
	윤석중	편집을 마치고	72
광고		조선 대표적 3대 동화집!	뒷표지(속)

제12권 제5호 통권 120호, 1934.5.20.

표지	안석주	(어린이날 깃발을 든 소년소녀)	표지
사진		어린이날 행진, 쌍둥이학교, 만주 가 잇는 우리 동무들, 이른 여름	
동요	장귀봉	바람에 눈이 잇네	10~11
과학	심형필	사람은 어디서 왓나	12~15

글 종류	글쓴이	제목	쪽
이야기 특집	이태준	아가	16~17
동화	윤해영	아버지	18~23
		어린이날-우리들의 맹세-	24~25
아기소설	정우해	1 거울, 2 누나 생각, 3 꿈, 4 안될 일 없다	26~29, 15
이야기 특집	이무영	뻗히는 힘	30~31
역사	차상찬	송아지를 끼고 뛰어다닌 장사 박삼길	32~34
과학	윤석중	사람 눈이 되기까지	35
동화	이영철	석남이의 어렷슬 때	36~37
불란서 동화	김남순	이리와 달팽이	38~40
		1백명 현상, 당선자 발표	41
이야기특집	김자혜	하얀 싹	42~43
광고		윤석중 전원동시집 『앵두밭』(예고)	43
위생	이용설	좋은 습관을 기릅시다	44~45
동화	김영수 작 / 이병현 화	달님이 혼자서	46~47
소년탐정소설	최병화	청귀도(靑鬼島)의 비밀(1)	48~51
광고	부성문, 김동원, 이해연		52~54
문법	신명균	한글 바침법 이야기(4)	55~59
동요	강석홍	꿩	60
동요	이낙주	자동차	61
입선동요	김영준	나비	60
입선동요	장수철	꿈	60
입선동요	황성	사발시게	60
입선동요	한인현	어름	60
입선동요	한인현	신둥이	60~61
입선동요	최일화	닭의 우름	61
		어린이 소신문	62~63
특선만화		길 좀 뭇다가	62
		어린이 담화실, 어린이 소학교(笑學校)	64~65
야담	윤백남 / 구본웅 삽화	소년 서유기(5)	66~71
알림		「푸른 하늘」의 윤극영 선생이 오셧다 윤극영(寫眞)	71
		독자작품모집	72
	윤석중	편집을 마치고	72
광고		마해송 『해송동화집』	

제12권 제6호 통권 121호, 1934.6.20.

표지	안석주	그네타는 소녀	표지
동시	윤석중	여름	4

글 종류	글쓴이	제목	쪽
사진		우리 애기자랑, 모두들 우스세요 하하하	5~6
그림		(커다란 나무 사이로)	7
소년독본	윤석중	제1화 살아가는 사람과 살아버리는 사람	8~9
동요	장귀봉	개고리	10~11
알림		『어린이』다음호는 「산과 바다」호!	12
중국전설	윤해영	종	13~17
과학	심형필	사람은 어디서 낫나	18~19
동극	정우해	만년필과 하모니카(전1막)	20~23
광고		별건곤 6월호	23
특선동요	창동(彰童)	통·딱딱·통·짝짝	24
특선동요	창동(彰童)	이슬비	25
특선동요	현창동	아주머니	26
특선동요	함영기	항구	27
특선동요	배선권	햇님	28
특선동요	배선권	여름비	29
동물동화	김남순	여우	30~33
이과	윤석중	원자이야기	34~37
알림		『개벽』이 다시 나온다	37
창작동화	정순철	우산과 외투	38~40
서늘한 이야기		달밤	40~41
그림이야기	임홍은 삽화	공	42~43
소년탐정소설	최병화	청귀도(靑鬼島)의 비밀(2)	44~48
		개벽사 창립 14주년 기념 5백명 대현상!!, 1백명 현상, 당선자 발표	48~49
광고			50~52
창작동화	마해송	바위나리와 애기별	53~57
입선작문	김광운	당나귀 기침	58~59
입선동요	강석홍	제비우름	58
입선동요	장수철	강아지	58
입선동요	최기웅	우리 닭	58
입선동요	장적동	늙은 소나무	58~59
입선동요	전상옥	병아리	59
입선동요	창송	시냇물	59
입선동요	창송	버들개지	
입선동요	우찬석	방아	59
		어린이소신문	60~61
특선만화		감짝같이	60
		어린이 담화실, 어린이 소학교(笑學校)	62~63

글 종류	글쓴이	제목	쪽
야담	윤백남 / 구본웅 삽화	소년 서유기(6)	64~69
		독자작품 모집	70
	윤석중	편집을 마치고	70
광고		『해송동화집』, 『윤석중 동요집』, 『잃어버린 댕기』, 『앵두밭』	뒷표지(속)

제13권 제1호 통권 122호, 1935.3.1.

표지	(외국영화)	비누 풍선	표지
광고		개벽 3월호 신문 특집호	6
사진		꽃가치 나븨가치, 눈언덕을 넘어 봄들판으로	7~8
	이정호	속간호를 내면서	9
훈화	조재호(寫眞)	희망	10~11
자장가	이광수	잃어버린 노래	12~13
전설동화	고한승	소년 예술가의 한-관음사 대웅전의 비화	14~15
동화	연성흠	겁쟁이들	16~19
어린이사화	차상찬	소년장군 정충신	20~23, 51
연재만화	최영수	비밀의 삼림-길득이의 모험기(제1회)	24~27
소년탐정소설	최병화	청귀도(靑鬼島)의 비밀(3)	28~32
동화	양재응	신선노름	33~35
	심형필	사람은 어째서 동물 중에 으뜸인가?	36~38
유희		아무 곳에서나 자미잇게 놀 석냥 개비 작난!	36~38
		『어린이』속간 기념 대현상 문제, 독자 작품 모집 규정	39
불란서동요	이헌구(역)	작은 새야 날 따라오렴	40~41
소년강좌	김병제	한글 마춤법 통일안	42~43
소개	강성구	어린 생명의 미소-상해 조선 어린이들의 생활	44~45
소년영화		나는 「카우뽀이」다 미국 〈파라마운트사〉 제작	46~47
소녀영화		「샤레」 소녀의 기공 미국 〈폭쓰〉회사제작	48~49
전기	엄홍섭	예술가의 소년시대-농민화가 「미레-」	50~51
		어린이 소신문	52~53
만화		아담슨 하라버지 봉변	52
광고			54~56
소년야담	과목동인(果木洞人)	괴적 일지매	57~59
추천동요	장귀봉	동쪽으로 가면	60~61
입선동요	임원호	풍뎅이	60
입선동요	강석홍	딸기	60
입선동요	강효섭	비야 비야	60
입선동요	이석준	거름	60
입선동요	천종호	달과 별	61

글 종류	글쓴이	제목	쪽
입선동요	김정도	병정노리	61
우슨 이야기	깔깔박사	뼈하고 가죽하고	62
우슨 이야기	담화실직이	적은 사람 큰 사람	63
소년미담	이정호	귀여운 피(血)	64~68
광고		본사 특선아동독물(『사랑의 선물』 외 7책)	69
아동극	박헌규	세 가지 대답(1막 3장)	70~75
알림		독자 작품 모집	76
	李	편집을 마치고	76

제123호 복간 5월호, 1948.5.5.

표지	채남인	(굴렁쇠 굴리는 어린이)	표지
동요	김광호 요 / 박민종 곡	가랑잎(악보)	표지(속)
그림		(병아리에게 모이를 주는 모녀)	
	주간(主幹)	『어린이』를 다시 내면서	4~5
동요	현동염	파리	6
창작동화	이영철	고양이	7~11
알림		애독자 작품모집	10
연재만화	채남인 그림	오성부원군(제1회)	12~13
	이헌구	아가야 오너라	14~16
연속소설	새얼(번안)	검둥이 톰 아저씨(1)	17~28
알림		애독자 사진 모집	26
외국동화		욕심쟁이 늑대	29
동요	방정환	여름비-고 소파 선생의 남긴 동요	30~31
우리학교 자랑		역사와 전통을 자랑하는 교동국민학교	32~35
애독자동요	심윤관	진달래	35
애독자동요	민찬기	종달새	35
동화	진장섭	개평볼기	36~39
소년소설	박춘명	고향생각	40~43
알림		(어린이 6월호에는 이선근, 심형필, 마해송, 진장섭, 윤극영)	43
지리	안병무	펄펄 끓는 더운 물이 공중으로 높이 솟는 아이스랜드	44~46
동화극	고한승	말하는 미륵님 전1장	47~53
미술	공진형	어린이와 그림	54~56
	이동찬	어린이 속간을 축함	57
		직이영감과 이뿐이의 인사(담화실 개방)	58~59
독자차지	황병기	동무	60
독자차지	장석우	멍텅구리 동생	60
독자차지	김히진	주먹	60

글 종류	글쓴이	제목	쪽
	(고)	편집을 마치고	61 뒷표지(속)
광고		대양출판사—셈본참고서, 국어 참고서, 지능고사문답, 과학이야기	뒷표지

제124호 6월호, 1948.6.5.

표지	채남인	(아이들 그림)	표지
동요	윤석중 요 / 윤극영 곡	바람(악보)	표지(속)
	방정환(寫眞)	『어린이날』을 창시한 소파 선생 추도회	2
동요	최영히	손톱	3
창작동화	고한승	네 힘껏 했다	4~8
애독자 동요	최옥영	우리집 고양이	8
애독자 동요	강현순	빗방울	8
창작동화	이영철	토끼와 인력거	9~13
만화		(귀한 한 표)	12~13
연재만화	채남인 그림	오성부원군(제2회)	14~15
알림		애독자 작품 모집	15
연속소설	새얼(번안)	검둥이 톰 아저씨(2)	16~27
알림		애독자 사진 모집	23
외국동화		개와 고양이와 쥐	28
동요	현동염	곰보 아저씨	29
우리학교 자랑		재동국민학교	30~33
	김대영	꿀벌의 세상	34~36
알림		담화실 개방	40
	심형필	달걀은 왜 그 모양일까?	37~40
	이선근	신라와 화랑 제도	41~45
		토막 이야기	45
	이정순	스포-츠 올림픽 이야기	46~49
알림		(다음달 어린이는 7.8월호)	49
알고 싶은 이야기	김송이	도깨비는 있는가? 없는가?	50~52
동화	마해송	떡배 · 단배(1)	53~56
		독자담화실	57
독자차지	이관홍	자장가	58
독자차지	윤항렬	햇님	58
독자차지	김종삼	별	58
독자차지	오경자	내 동생	58~59
독자차지	박준동	병아리	59
독자차지	이주총	우리집 자동차	59

글 종류	글쓴이	제목	쪽
독자차지	홍영	담뱃대	59
독자차지	전승우	바다	59
		상타기 문제	60
	(고)	편집을 마치고	61 뒷표지(속)
만화	채남인 그림	불오기를 기다리고 있이요	뒷표지

제125호 8월호, 1948.8.5.

표지	김태형	(잠자리채 든 아이들)	표지
사진		산으로 바다로	표지(속)
광고		개벽 8월호	표지(속)
	공탁	모든 일은 내 스스로	2~3
창작동화	고한승	꿀벌의 마음	4~7
동요	어효선	졸업 축하의 노래	7
동시	뿌우스낀 원작, 박일파 번역	어부와 금붕어	8~14
알림		담화실 개방	14
동시	이원수	성묘	15
연속소설	새얼(번안)	검둥이 톰 아저씨(3)	16~26
외국동화		거우의 기도	27
	이용학	재미+있는=산수	28~31
우리학교 자랑		수송국민학교	32~33
	석주명	곤충채집	34~36
	조병히	바다속 이야기	37~39
	안정순	소낙비 오기 전에는 왜 무더워질까?	40~42
동화	마해송	떡배·단배(2)	43~47
동요	황홍규	하늘	47
세계소식		「파레스티나」는 왜 싸우는가	48~51
알림		애독자 작품 모집	51
만화	김태형 그림	안전한 곳	52~53
	전건호	미술을 가지는 생활	54~58
		독자담화실	59
독자차지	민변년	올림픽 선수 아저씨들	60
독자차지	유익열	새아침	60~61
독자차지	장경수	산으로 바다로	61
독자차지	문희정	나비와 봉숭아꽃	61
독자차지	이중한	우리 아가	61
		상타기 문제	62~53

글 종류	글쓴이	제목	쪽
	(고)	편즙을 마치고	64
		애독자 사진, 애독자 사진모집	뒷표지(속)
만화	김태형 그림	부채	뒷표지

제127호 10월호, 1948.10.5.

표지	김태형 그림	(풀밭 위의 아이들)	표지
	박영종 요 / 윤극영 곡	꼬마장갑(악보)	표지(속)
	공탁	좋은 나라연마는	4~5
연속 역사소설	고한승 / 김태형 삽화	정포은(제1화)(寫眞)	6~11
동요	이원수	가을밤	12
동요	김호준 / 김태형 삽화	노는 아이 행진곡	13
동화	이영철	뽐내던 불거지	14~16
외국동화		토끼의 꾀	17
유희	정경해	들이고 받고	18~21
우리나라 자랑	서영호	한글	22~23
동요	이태선	노랑새	24
동화	박인범 지음 / 김태형 그림	개싸움	25~28
광고		안델썬 동화선집 『어머니의 사랑』(주요섭 번역)	28
	이용학	생물의 적응	29~31
연재만화	김태형	어린이 재판관(1)	32~33
연속소설	새얼(번안) / 김태형 삽화	검둥이 톰 아저씨(5)	34~43
학교소식		서강국민학교 새로 만든 약속	43
	박재규	옛날 어른들이 남기신 말씀	44~45
우리학교 자랑		서울 덕수국민학교	46~47
	윤석범 / 김태형 삽화	토끼는 어떻게 기르나	48~51
알림		(우리들의 손으로 한 마리의 토끼라도 길러 봅시다)	51
	이동훈	뉴톤과 파리	52~53
동화	홍은순 / 김태형 삽화	쌀 호박	54~57
		토막 이야기	57
세계소식		독립은 했으나 두쪽된 인도	58~59
산수	임영재	나이와 난달 알아맞이기	60
	편즙실	지능공부, 해답	61,16
독자차지	신만수	노랑새	62
독자차지	강현순	달	62
독자차지	김승태	조선의 아기	63
독자차지	나종히	독립하는 날	63

글 종류	글쓴이	제목	쪽
독자차지	이영자	작은 것도	63
독자차지	조창용	잔물결	63
독자차지	정연순	시냇물	63
		독자담화실	64
		상타기 문제	65
	(고)	편즙을 마치고	66
	김태형 삽화	10월의 메모	뒷표지(속)
만화	김태형 그림	공부 잘하는 약	뒷표지

제128호 11월호, 1948.11.5.

표지		(야구하는 소년들)	표지
동요	김순형 요 / 윤극영 곡 / 김태형 삽화	가을(악보)	표지(속)
동화	이하진	미련한 범	4~10
동요	현동염 지음 / 김태형 그림	딱딱이 소리	11
우리나라 자랑	윤형모	열세층탑	12~13
연속 역사소설	고한승 / 김태형 삽화	정포은(제2회)	14~18
동요	바구니	엄마 눈에 꼬오박	19
		오장과 워싱톤	20~21
	정경해	물나라의 싸움1	22~25
	이동훈	에디슨과 시계	26~27
	권복룡	전기 시대의 아버지 파라데이	28~33
동요	남철	우리 오빠	31
학교소식		우리들의 맹세—서울 삼청공립 국민학교	33
새동화	이동찬	소나무와 검둥이	34~35
재미있는 산수	백규현	첫 수 보고 답 맞추기	36~39
사고		9월호 상타기 발표	39
우리학교 자랑		서울 남대문 국민학교	40~41
	최항연	벼락 이야기	42~45
연재만화	김태형	어린이 재판관(2)	46~47
연재소설	새얼 번안 / 김태형 그림	검둥이 톰 아저씨(6)	48~57
세계소식		두 세력에 씨름판 된 독일 백림 봉쇄란 무엇?	58~59
외국동화		서로 냄새맡는 개	60
언니오빠 차지	이순탄	가을	61
언니오빠 차지	김종희	가을 길 걷다가	61
언니오빠 차지	손순천	가을 밤	61
언니오빠 차지	조재숙	해가 지면	61

글 종류	글쓴이	제목	쪽
독자차지	김영애	가을 원족	62
독자차지	김수정	엿 장사	62
독자차지	이기영	개울 물	63
독자차지	오도광	삼팔 선	63
독자차지	신정우	일학년 보건	63
독자차지	유영균	아버지 생각	63
독자차지	우종재	전등 불	63
	편즙실 / 김태형 삽화	지능공부, 지능공부 해답	64,25
		독자담화실	65
		상타기 문제	66
	(고)	편즙을 마치고	뒷표지(속)
그림	김태형 그림	명승을 찾어서 금강산 구룡연	뒷표지

제129호 12월호, 1948.12.5.

표지	김태형	(스키 타는 어린이들)	표지
동요	박영종 요 / 윤극영 곡	눈과 당나귀(악보)	표지(속)
	공탁	사람을 공경합시다	4~5
동요	현동염	10원 한 장	6
연속 역사소설	고한승 / 김태형 삽화	정포은(제3회)	7~13
		10월호 상타기 발표	13
우리나라 자랑	전경준	화담 선생	14~15
동화	이호준	애기와 크레용과 고양이	16~22
동시	어효선	꽃 없는 화병	19
	김성자	노벨과 노벨상	23~26
동화	임서하	네 땅 내 땅	27~31
	이동훈	한석봉과 그 어머니	32~33
우리학교 자랑		서울 매동 국민학교	34~35
	정경해	물나라의 싸움(2)	36~40
		토막 이야기	40
외국동화		외국에 간 개	41
연재만화	김태형	어린이 재판관(3)	42~43
재미있는 산수	이용학	박첨지의 셈법	44~45
연재소설	새얼 번안 / 김태형 그림	검둥이 톰 아저씨(7=끝)	46~55
		상타기 문제	53
세계소식		화란과 싸우는 인도네시아 독립군	56~57
	윤재천	소크라테스	58~60

글 종류	글쓴이	제목	쪽
만화	박원모	복동이	58~60
언니오빠 차지	이방히	봄바람	61
언니오빠 차지	이용숙	우리집	61
언니오빠 차지	유영환	우리 아기	61
언니오빠 차지	이태희	참배	61
	윤양모, 윤형모, 윤정석(寫眞)	교육에 일생을 바치는 윤씨(尹氏) 삼형제	62~63
독자차지	정은혜	애기별	64
독자차지	한동훈	우리 동리의 가을	64
독자차지	백남수	백일홍	64
독자차지	김택중	시계소리	64~65
독자차지	이상기	고향 생각	65
독자차지	김정림	구슬땀	65
독자차지	안영자	일학년	65
독자차지	최영철	물지개	65
		독자담화실	66
	(고)	편집을 마치고	67 뒷표지(속)
그림	김태형 그림	명승을 찾어서(2)평양 대동문	뒷표지

제130호 1·2월호, 1949.2.5.

표지	우경희	(팽이치기 하는 어린이들)	표지
	김태형 그림	(내제화)	속표지
	공탁	건강하고 명랑하게	4~5
동요	유달영	조각달	6
연재소설	임서하 글 / 김태형 그림	애국자	7~15
우리나라 자랑	서정권	『사람이 곧 한울』이라 주장한 최수운 선생	16~17
창작동화	이영철 지음 / 김의환 그림	늑대	18~23
	안병무	태평양 이야기 1. 바다	24~25
동화	박인범	얼지않는 물	26~29
동요	한양근	장작 패는 아저씨	29
재미있는 산수	임영재	숫자 이야기	30~31
소설	고한승 / 김태형 삽화	정포은(제4회)	32~40
우리학교 자랑		서울 삼청 국민학교	41
연재만화	김태형	어린이 재판관	42~43
만화	김태형 그림	어린이행진	42~47
이모습 저모습		소꼽놀이	44
이모습 저모습		북쪽하늘	45

글 종류	글쓴이	제목	쪽
		상타기 문제	46~47
동시	김광현	생쥐	48
	정경해	물나라의 싸움(3)	49~54
동요	김육	손	51
	이성규	밀도 이야기	52~53
동요	현동염	알암밤 형제	54
외국동화		귀중한 눈물	55
동극	김진수	세발 자전거(전일경)	56~62
광고		「검둥이 톰 아저씨」책으로 나옵니다	62
언니오빠 차지	최설자	흰구름	63
언니오빠 차지	김환용	늦가을	63
언니오빠 차지	유성복	돌아오는 동무	63
우리차지	권계순	하늘	64
우리차지	김수곤	귀뚜라미	64
우리차지	한인상	태극기	64
우리차지	이상용	38선	64
우리차지	염기선	전화줄에 앉은 새	64~65
우리차지	강석부	가을밤	65
우리차지	이종구	시냇물	65
우리차지	윤승열	우리 아가	65
우리차지	이상기	흐린 날 밤	65
우리차지	이범규	바둑 강아지	65
		독자담화실	66
		상타기 발표	67 뒷표지(속)
그림	김태형 그림	명승을 찾아서(3) 경주 불국사	뒷표지

제131호 3월호, 1949.3.5.

표지	김태형	(봄나물 캐는 소녀들)	표지
		3.1 정신에 살자	표지(속)
	공탁	삼일절을 맞이하야	4~5
동요	유달영 / 김태형 삽화	꼬마 병정	6
연재소설	임서하 글 / 김태형 그림	애국자(2)	7~18
광고		「검둥이 톰 아저씨」 책으로 나옵니다	18
동요	현동염 / 김태형 삽화	사과	19
	안병무	태평양 이야기 2. 섬과 인종	20~21
재미있는 산수	백규현		22~25
우리나라 자랑	정의성	신라의 예술	26~27

글 종류	글쓴이	제목	쪽
동화	이동찬 / 김태형 삽화	눈 나리는 날	28~36
동요	김육	옛날 이야기	30
		글 읽는 법	36
	정경해	물나라의 싸움(4)	37~40
만화		눈사람	37~40
소설	고한승 / 김태형 삽화	정포은(제5회)	41~49
		어린이 지식	49
동요	이태선 / 김태형 삽화	구경 갔던 곳	50
	이용학	위대한 수학자 파스칼르	51~53
동극	방기환	꾀꼬리가 울며는(1막)	54~58
우리학교 자랑		서울 광희국민학교	59
외국동화		모기와 사자	60
언니오빠 차지	고기덕	새로 사온 운동화	61
언니오빠 차지	장연숙	참새	61
언니오빠 차지	나동호	겨울 밤	61
우리차지	최종율	불조심	62
우리차지	이태식	병정 아저씨	62
우리차지	오기덕	전신대	62
우리차지	이기영	새벽닭	62
우리차지	김명희	토끼 숨박꼭질	63
우리차지	장유훈	우리집 시계	63
우리차지	이중하	눈오는 밤	63
우리차지	윤춘자	나는 왜 동생이 없을까	63
우리차지	홍성히	종합 학예회	64
		독자담화실	65
		상타기 문제	66
		편집을 마치고	67 뒷표지(속)
그림		명승을 찾아서 첨성대	뒷표지

제132호 4월호, 1949.4.5.

표지	김태형	(나무 심는 남학생들)	표지
그림	김태형	(누각)	표지(속)
	공탁	자연과 친하자	4~5
동요	박은종 / 김태형 삽화	봄냇물	6~7
동요	김육 / 김태형 삽화	옛날이야기	8
연재소설	임서하 글,김태형 그림	애국자(3)	9~20
	이용학	위대한 수학자 뉴-톤	21~25

글 종류	글쓴이	제목	쪽
동요	김후종	아지랑이	25
	안병무	태평양이야기(3) 화산과 지진	26~27
	정경해	물나라의 싸움(5) 문어와 상어	28~33
만화		통고무	29~32
역사 이야기		애기장군 사다함	34~35
소년소설	문용구 지음 / 우경희 그림	어깨동무	36~45
우리나라 자랑	최윤수	첨성대	46~47
동화	이수령	짐승나라의 전생	48~57
		쪼각 맞추기	58~59
우리학교 자랑		서울 서대문 공립국민학교	60~61
우리차지	송연희	소나무	62
우리차지	김영히	시계	62~63
우리차지	김규수	만두 장사	63
우리차지	구문수	밤길	63
우리차지	박복히	망내둥이	63
우리차지	김진식	새벽별	63
언니오빠 차지	송옥혜	저녁종	64
언니오빠 차지	신경희	바다와 비	64
언니오빠 차지	오용주	봄소식	64
		독자담화실	65
		상타기 문제	66
		상타기 발표	67 뒷표지(속)
그림		명승을 찾아서(5) 전주 한벽루	뒷표지

제133호 5월호 입학시험준비특집, 1949.5.5.

표지	김태형	(그네타는 여자아이와 지켜보는 아이들)	표지
그림		(5월 달력과 남자아이)	3
	공탁	어린이날을 맞이하여	4~5
	김소엽 글 / 김태형 그림	어린이날	6~15
알림		(장편역사소설 「녹두장군」 6월부터 연재)	13
	한뫼 / 김태형 삽화	어린이의 참된 동무 방정환선생 유족을 찾아 방정환	16~22
	이 강	어린이날	22
동화	정비석	병아리	23~25
동요	광현 / 김태형 삽화	장두칼	26~27
소설	임서하 글 / 김태형 그림	애국자	28~42
		3월호 상타기 발표	42

글 종류	글쓴이	제목	쪽
동화	현동염	모기와 황소	43~47
광고		교육만화 엿단지(지은이 임영재, 그린이 이주훈)	47
동화	이영철 / 김태형 삽화	회초리	48~49
	정경해	물나라의 싸움(6) 군함 지옥	50~54
만화		(도둑잡기)	51~52
		3월호 쪽 맞추기 해답	54
우리 학교 자랑		서울 일신국민학교	55
역사 이야기		원효대사	56~57
외국동화		어리석은 노새	58
		독자담화실	59
우리차지	최태영	빗방울	60
우리차지	김영자	전차	60
우리차지	이현구	돌아가신 어머니 생각	60
우리차지	김순분	우리집 시계	61
우리차지	한경국	새끼쥐	61
우리차지	이기영	고추 잠자리	61
		상타기 문제	62
수험 준비 특집	공탁	졸업생에게	64~65
수험 준비 특집	이용학	수험 공부는 이렇게–준비공부, 답안쓰기, 구두시험 비결	66~75
수험 준비 특집		시내 각 중등교 모집 초안	76~77
수험 준비 특집	윤재천	입학 시험에는 어떤 문제가 나오나	78~86
수험 준비 특집		우리 학교에서 요망하는 학생–각 중등학교 교장님 말씀	87~90
광고		축 어린이날	뒷표지(속)
그림	김태형 그림	명승을 찾아서 개성 선죽교	뒷표지

第134호 6월호, 1949.6.5.

글 종류	글쓴이	제목	쪽
표지	김태형	(여름 아이들)	표지
그림	김태형 그림	6월 이달의 메모	3
	공탁	부지런하자.	4~5
소설	이성표 글 / 김태형 그림	녹두장군	6~17
동요	이원수 / 김태형 삽화	저녁때	18~19
(소개)	이원수	고향의 봄(입선동요)	19
소년소설	최병화	아버지 학교	20~24
		4월호 상타기 발표	24
만화		어떻게 보십니까?	25
동화	뻬로 원작 / 전창식 번역	잠자는 숩속의 공주	26~35
동요	현동염	황소와 병아리	36~37

글 종류	글쓴이	제목	쪽
재미있는 산수	이용학	1.지금의 수자는 인도가 주인	38~44
		깔깔소학교	40~41
우리차지 : 동요	유경환	재롱 재롱 내동생	43
만화		그럴뜻 했는데!	45
역사 이야기	한뫼	백운과 제후	46~47
태평양이야기	안병무	태평양은 누가 발견하였나?	48~52
		무역풍이란 무엇인가?	52
그림		밥은 어떻게 하여 우리 입까지 오게 되나?	53
자연관찰	민곰	파리	54~60
우리 차지 : 동요	정창길	분홍 치마	56
그림		인조견 팔프	61
	정경해	물나라의 싸움(7) 다시 만남	62~65
우리차지 : 동요	심재승	촛불	64
소설	임서하 글 / 김태형 그림	애국자(5)	66~79
		쪼각 맞추기	80~81
	윤석범	토끼 병의 치료와 예방	82~87
우리 차지 : 동요	이기영	쪼각 구름	85
		토막 이야기	87
우리 학교 자랑		서울 청량공립국민학교	88
		독자담화실	89
		상타기 문제	90
	(양)	편집을 마치고	뒷표지(속)
그림		명승을 찾아서(7) 강계, 인풍루	뒷표지

제135호 7월호, 1949.7.1.

표지		(채집망을 든 어린이)	표지
		(7월달력, 이달의 메모)	3
	공탁	훌륭한 사람이 되는 길 : 공탁, 안병무(寫眞)	4~5
소설	이성표 글 / 김태형 그림	녹두장군(2)	6~17
	방정환	소파 선생이 사랑하는 복숭아꽃 (어린이 제39호에 실린 글 옮겨옴)	18~20
	김소엽	슬픈날–고 소파 선생 영전에–	19
우리차지 : 동요	이한웅	병아리(이원수의 평)	20
동요	현동염	분꽃	21
과학		원자의 힘 우라니움 235	22~23
그림		신문지 시험 용지는 어떻게 피나?	24
동화	전창식 번역	잠자는 숩속의 공주(2)	25~35

글 종류	글쓴이	제목	쪽
어린이 상식		전등 더 밝게 하는 법	29
독자동요	백남숙	시계(이원수의 평)	33
만화		어떻게 보십니까?	36
동화	곽하신	어름 속에서	37~41
우리차지 : 동요	김순영	아침 바다	41
재미있는 산수	이용학	(2) 아라비아 수자 외의 다른 수자	42~49
어린이 상식		바람의 방향과 해류의 방향	43
우리차지 : 동요	오용주	뻐꾸기(이원수의 평)	45
		깔깔소학교	46~47
		누가 이기나 셋	50~51
소년소설	박인해	희망을 안고	52~60
동요	우요종	아기 앓는 밤	53
어린이 상식		공부하다 머리가 무거우면	56
어린이 상식		전등에 모여 드는 벌레를	58
광고		소년소녀 장편소설 『꽃 피는 고향』	60
	정경해	물나라의 싸움(7) 다시 만남	61~65
만화		살짝 이렇게	62~65
만화		선생님만 보면	66~67
동화	정태병	다람쥐와 곰	68~73
어린이 상식		덧셈 답의 뒷 푸리	70
우리차지 : 동요	이형구	어머니 생각(이원수의 평)	72
동요	권오준	고개 너머로	73
소설	임서하 글 / 김태형 그림	애국자(6)	74~88
우리차지 : 동요	김천해	떠나는 배(이원수의 평)	79
		독자담화실	89
		상타기 문제	90
	(양)	5월호 상타기 발표, 편집을 마치고	91 뒷표지(속)
그림	김태형 그림	명승을 찾아서(8) 진주 촉석루	뒷표지

第136호 10월호, 1949.10.1.

표지		(청동오리)	표지
		(10월 달력), 이달의 메모	3
	공탁	믿음을 갖자	4~5
소년시	이원수 / 김태형 삽화	고향은 천릿 길	6~7
동요	현동염 / 김태형 삽화	소나기	8~9
동화	전창식 번역	장화를 신은 고양이	10~21
만화		땅	10~24

글 종류	글쓴이	제목	쪽
돈 이야기	송중곤	돈이 많을수록 가난해진다	22~24
		김구 선생과 효자 양(寫眞)	25~27
소설	김소엽 / 김태형 삽화	염소	28~39
어린이 상식		공부하는 방법	33
어린이 상식		멀리 오는 사람 거리 아는 법	37
맹수이야기	최병화 글 / 신동헌 그림	강가루와 사냥개	40~46
	정경해	물나라의 싸움(8) 해녀	47~51
만화		부채와 도둑	48~51
광고		새로 나온 책(『사륙신』—이성표 글 김용환 그림, 『손목잡고』—방기환 아동극집)	51
과학 이야기		원자의 힘 우라니움 235	52~53
소설	임서하 글 / 김태형 그림	애국자(7)	54~71
우리차지 : 동요	박영운	신문 장사(이원수의 평)	71
만화		어떻게 보십니까?	72~73
우리차지	윤옥순	나는 연필입니다	74
우리차지	유영자	우리 어머니	74
우리차지	이소선	시냇물	75
소설	이성표 글 / 김태형 그림	녹두장군(3)	76~88
광고		새로 나온 책 『검둥이 톰 아저씨』	88
		독자담화실	89
		상타기 문제	90
	(양)	6월호 상타기 발표, 편집을 마치고	91 뒷표지(속)
그림	김태형 그림	명승을 찾아서(10) 금강산, 만폭동, 진주담	뒷표지

제137호 12월호, 1949.12.1.

표지		(그림 그리는 아이)	표지
		(12월달력)	3
	공탁	과학을 힘씁시다	4~5
동화	이영철	소년을 구해낸 개	6~11
만화		사람살류!!!	7~11
동화	이영수 / 신동헌 삽화	장님 이야기	12~17
어린이 상식		붕어가 물 위에 뜨거던	13
경제 이야기	송중곤	물건값은 어떻게 정하나	18~19
소년소설	임혁 / 김태형 삽화	밤이 새이면	20~26
동요	어효선	모과	25
동요	이태선	북악산 그네	26
동화	이정호 / 김태형 삽화	후랑크의 죽엄(『어린이』 38호에 실린 것 재수록)	27~33

글 종류	글쓴이	제목	쪽
어린이 상식		손가락에 잉크 지우는 법	30
	안병무	파리의 이모저모	34~38
광고		새로 나온 책 『검둥이 톰 아저씨』	38
	정경해	물나라의 싸움(9) 낚시성	39~43
만화		일없다	40~43
동극	김소엽	효창공원	44~51
어린이 상식		어여쁜 물모양 만들기	51
재미있는 산수		(3) 산까치 셈이란 무엇?	52~57
어린이 상식		여름 벌레에 쏘인 데는 이렇게 하면	56
		깔깔소학교	54~55
우리 차지	김학자	색종이 접기(이원수의 평)	58
우리 차지	김태숙	해어진 운동화(이원수의 평)	58~59
소설	이성표 글 / 김태형 그림	녹두장군(4)	60~70
소설	임서하 글 / 김태형 그림	애국자(8)	71~89
		상타기문제	90
	(양)	편집을 마치고	뒷표지(속)
만화	고상영 그림	나의 실패	뒷표지

글쓴이 색인

ㄱ

가나리야회 47
가람 62
강옥 51
강교근 111
강남춘 125~127, 131
강노향 108
강대철 30, 76, 77
강로향 106
강로향 96, 109
강매 28
강석부 152
강석홍 141~144
강성구 144
강성범 112
강소천 126, 127, 129, 131, 141
강순도 36
강승한 134~137
강양순 74
강용률 115, 126
강우촌 25
강중규 49
강창옥 113
강현순 146, 148
강효섭 144
개벽사 121, 138
개벽사 어린이부 50, 120
개벽사 영업국 116, 118
개벽사 현상계 119, 121
거울꽃 88, 92
京 80
경화(鏡花) 39, 66, 70, 74, 76, 122
경화생 68, 81, 89, 93
계산인 81
계수(桂樹) 112, 125, 126
계윤집 113, 115, 119, 120
(고) 146~151
고기덕 153
고남섭 116
고문규 24
고문수 94, 101, 112, 115, 117, 121
고상영 159
고영직 60
고장환 81, 94, 189
고한승 20~22, 26, 28~30, 33, 39, 40, 43, 44, 46, 48, 52~54, 56, 58, 61, 63, 65, 67, 69, 70, 129, 132, 144~147, 148~151, 153
고호봉 128, 129, 131, 132, 135, 137
고호태 139
고회 110
공진형 145
공탁 147, 148, 150~158
과목동인(果木洞人) 74, 83, 144
곽노엽 129
곽하신 157
광고부 126
광현 154
구문수 154
구본웅 130, 139~141, 144
구정운 53
구중회 95
권계순 152

권대장 62
권덕규 48
권복룡 149
권영희 22, 30
권오순 128, 132, 134, 138
권오준 157
권일선 23
권정윤 26
권정윤 28
권진규 73
그레이비스 130
금성사 26
기일재 32
기자 99
기전 20, 36
기진 34
기진 35, 127
길동무 44~46, 48, 49
길진섭 130
김경재 96, 106, 107, 109, 110, 112
김계득 31
김광섭 105, 109, 111, 116, 124
김광운 143
김광현 152
김광호 145
김교신 130
김국안 75
김군례 22
김규수 154
김규창 78, 79, 98, 99, 132
김규택 94, 104~108, 110, 111, 113, 114, 116~118, 120~124, 133
김금동 22
김기전 24, 29, 40, 46, 52, 61, 66, 69, 71, 73, 81, 87, 91, 94, 98
김기정 134
김기진 25, 62
김길성 130
김남극 66
김남순 142, 143
김남주 57, 59, 60, 63, 65, 70, 75, 77, 90, 91, 95
김누계 110
김대길 135
김대문 105
김대봉 105, 110, 111, 116
김대수 111
김대영 146
김덕환 60
김도인 92
김돈희 71
김동길 129
김동원 142
김동준 36
김동진 80
김동한 42
김동혁 65, 66, 77
김동환 62, 76, 97, 104, 134
김동훈 91
김려수 43, 76, 89
김막동 114
김만수 139
김만조 128
김만태 59
김명건 47
김명겸 106, 108~110
김명선 64
김명학 117
김명호 61, 63, 64, 68
김명희 153
김백신 95
김병순 100, 104
김병제 144
김보영 130
김복순 106
김복진 129, 131, 133~136, 140
김봉 113, 115
김사엽 106
김삼남 31
김상열 63

김상옥 140
김상익 136, 139
김상호 42
김석송 25, 33, 79, 97
김선생 29, 80, 86, 103
김설강 93, 109
김성내 27
김성도 111, 118, 133
김성자 150
김소엽 154, 156, 158, 159
김소운 135, 137, 138
김송이 146
김수곤 152
김수득 22
김수복 74
김수정 150
김숙자 45, 119
김순분 155
김순영 157
김순정 64, 74
김순형 149
김승태 148
김승하 115
김신배 130
김신흡 106
김안서 97, 98
김약봉 118
김억 25, 33
김여수 32, 64
김연순 86
김영수 96, 98~101, 103, 142
김영애 150
김영자 155
김영제 90, 92, 94, 96
김영종 26
김영준 139, 142
김영증 118
김영팔 66, 74, 75, 79, 85, 90, 96, 100~102
김영환 63
김영희 154
김예지 109
김오득 132
김옥빈 84
김옥순 23
김용두 44
김용묵 105
김용빈 126
김용서 110
김용선 124
김용자 26
김용진 24
김용희 20
김운정 25, 34
김원식 119
김원영 28, 139
김원주 81, 83, 85, 87, 89, 93, 132
김원태 73
김육 152, 153
김윤걸 21
김윤산 43
김윤영 22
김을한 102
김의성 36
김의환 151
김이원 125
김익순 52
김인득 33
김인순 65
김인호 115
김일석 39
김일평 76
김임배 116
김입분 141
김자겸 113
김자혜 137, 142
김자혜 128, 132, 133
김장권 119
김장련 49
김장수 124
김장연 51, 54

김재순 117, 119, 132
김재철 86
김재춘 77
김점석 27
김정 56
김정도 145
김정림 151
김정섭 107, 111
김정연 55
김종삼 146
김종성 126
김종하 112
김종희 149
김주영 122, 123, 126
김준상 77, 78, 90, 92
김중곤 112~114, 116
김진구 59, 60, 63, 70, 73, 84
김진규 140
김진수 152
김진식 154
김찬전 34, 41
김찬호 22
김창근 120
김창문 113, 120
김천득 27
김천해 157
김철 107
김철오 36
김춘강 108, 109
김태규 116, 117
김태숙 159
김태오 63, 74, 104, 106, 107, 109, 112, 113
김태형 147~159
김택중 151
김팔봉 66, 69
김학서 35, 37
김학석 55
김학자 159
김학헌 95
김한 63, 65
김현봉 117
김현설 43
김형규 35
김형기 120, 134
김형배 54
김형섭 21
김형식 124, 129, 137
김형준 117
김혜숙 42
김호규 79, 104
김호길 130
김호월 59
김호준 148
김홍 124
김홍식 64
김화룡 39
김환용 152
김활란 45
김후종 154
김히진 145
깃븜사 동인 94
깔깔박사 43, 45, 50, 52, 55, 69, 70, 73, 145
깔깔소학생 70
꼬리별 122, 124

ㄴ

나동호 153
나방우 130
나종히 148
남상덕 37, 41
남일우 140
남주 58
남철 149
남철인 120
노강 136
노귀돌 31
노수현 131
노심산 65
노양근 107, 110, 112, 114~119

노영근 105, 110, 119
老직이 47, 52, 61, 62
노한인 132

ㄷ

달성 29
담화실직이 44, 96, 145
대야관(大野寬) 125
독고선 77
독자중 42, 45, 46, 48~50, 53, 55, 57, 59, 61, 86, 90, 91, 99~102, 104
동경 잇는 소학생들 126
동섭 115
동원민 60, 79
동은 26
등대사(社) 52

ㄹ

ㄹㄱㅈ 105
로양근 112
록뎡생 50
류광렬 59, 70, 74, 76, 92, 136
류광열 91, 95, 102
류소제 74, 122
류재덕 51
류지영 번역 24
류희각 109, 111
류희격 77
리준홍 79

ㅁ

마달 117
마리-부인 72
마해송 36, 38, 42, 43, 54, 57, 102, 133, 135, 137, 143, 146, 147
모기윤 136
모양생 93
모윤숙 133
목부 88, 89
목일신 77, 87, 91
몽견초 20, 22, 29, 30, 39~41, 43, 46, 48, 51, 56~58, 68, 69, 71, 124
몽중인 19, 21~25, 27~31, 36~38, 43, 50, 51, 123
무명 47
무명씨 91
무명인 30
무명초 93, 98, 99, 103
문기열 116
문열기 116
문용구 154
문인암 53
문희정 147
물새 74
뮌렌호프 93
미소 29, 35, 52, 55, 57, 63, 66, 70, 81, 82, 84, 87, 89, 102
미소생 68, 69, 71
미소편 85, 87
민곰 156
민변년 147
민병기 120
민봉호 78, 86, 89~91, 96, 97, 100, 120
민삼식 86, 91, 93, 97, 98
민소월 96, 109, 119
민영순 62
민찬기 145

ㅂ

바구니 149
박건종 95
박경식 45, 46
박귀송 106, 108
박금환 33
박급사 95, 102
박노아 98, 99

박노일 128
박노춘 35, 106, 109, 115
박노홍 115
박녹행 106, 110
박누월 102, 102
박달성 25, 27, 29, 32, 34, 36~39, 42~44, 46, 52, 54~56, 58, 62, 63, 66, 69, 72, 75, 78, 80, 85, 88, 90, 91, 107, 136
박두인 61
박두정 117
박래옥 20
박로아 85, 89, 93
박만익 26
박명남 116
박민종 145
박병도 105, 109
박병원 29, 137, 139, 140
박복히 154
박봄 47
박봉극 114
박사직 42
박상엽 132
박상엽 134~136
박선생 50, 73, 93, 94, 103, 117
박성환 67
박송 93, 104, 117, 119
박수봉 109, 111
박승진 69, 79, 80, 93, 96~98, 120
박승철 73
박약서아 105, 110
박연호 57, 60
박연희 112
박영근 139
박영순 124
박영운 158
박영조 139
박영종 148, 150
박영채 105
박영하 109, 111~113, 140
박영호 46
박영희 33, 43, 54, 131
박용훈 29
박원모 151
박유중 106, 111
박은종 153
박응삼 56, 113, 123
박인범 148, 151
박인수 111, 116, 118, 119
박인해 157
박일균 113
박일파 147
박재규 148
박정균 91
박정근 104
박정용 28
박정희 74
박제기 76
박종환 119
박준동 146
박준호 139
박진식 125
박철암 106, 110
박춘명 145
박춘식 110
박춘파 83
박치훈 139
박태원 129, 131, 132, 134~138, 140, 141
박태준 89, 94, 96
박팔양 24, 62, 129, 133
박한규 145
박호병 36, 44, 49
박화성 130, 131, 137, 141
박희도 101
밝은집 92
方 27, 29, 31, 35, 37, 40, 59, 65, 70, 73, 77~79, 82~84, 86, 87, 89, 90, 93
방관생 73
방기환 153
방뎡환 51, 53
방삼길 70

방소파　83
방송국　123
방원규　70
방인근　79
방정환　20, 22, 30, 32, 40, 43, 45, 46, 48~51, 54~58, 61~72, 68, 75, 76, 78~83, 86~88, 90, 92, 94, 95, 79, 102, 127, 145, 146, 156
배명자　74
배선권　127, 128, 138, 140, 143
배종환　41
배후진　108
백곤　113, 115
백규현　149, 152
백남규　50~59, 61, 70, 71, 82
백남수　151
백남숙　157
백삼기　69
백세철　109, 110
백시라　68~70, 96
백신칠　80
백영식　138
백월　65~67
백추(白萩)　68
백치혁　116
백파　99
백학서　105, 106, 108, 110, 114, 116, 118
백합화　54
버들쇠　19, 24, 25, 55
변갑손　48
변귀현　22
변기학　27
변영로　25
변이현　26
보빈쓰까야　49
본사 편집국　80
부성문　142
북극성　32~37, 39, 40, 46~48, 50~53, 55, 56, 58, 59, 61, 70, 78, 80, 82~84, 87, 88, 90, 93
빈강어부　114
뻬로　155
뿌라운　121
뿌우스낀　147

ㅅ

사진반　121, 125
산남인　89
삼봉　58, 59, 122
삼산생　31
삼산인　21, 27, 30, 39, 42, 44, 47, 48~51, 54~56, 61~66, 68, 71~73, 77~81, 84, 85, 88, 89, 99, 101, 103, 127
새얼 145~147, 148~150
서갑출　120
서금랑　105
서덕출　28, 35, 39, 46, 49, 51, 52, 84, 86, 127
서리복　42
서범석　58
서상국　72
서상천　71
서석파　67
서영호　148
서원生　47
서정권　68, 151
서창남　47
서천홍　22
서형균　33
석영　130
석주명　147
석중　128
선우만년　48
선우해영　140
선천　105
설의식　33, 133
설정식　27
성동호　118
성서인　46

성석훈 29, 31, 37, 38, 51, 86
성선희 80, 83, 85, 87, 93
성해 34
세권(勢拳) 57
세상직이 102
소용수 84, 87
소월(笑月) 21, 128
소파 19, 20, 22~28, 30, 31, 32, 35, 38, 39, 44~48, 51~53, 58~60, 84
소학생 97
손기문 82, 84, 89
손성엽 65, 68, 98, 99, 101~104, 106, 109, 110, 113, 115~117, 119, 120
손성화 97
손순천 149
손용준 46
손우성 67
손주환 46
손진태 20~22, 28, 36, 43, 52, 54, 60, 63, 73, 121
송갑순 69
송계월 101, 104, 106, 108, 109, 111
송귀현 105
송근우 46
송기화 127
송무익 37
송병덕 20
송선생 81
송순일 59
송연희 154
송영 62, 63, 74
송옥혜 154
송완순 47
송재선 97
송중곤 158
송진우 70, 97, 125, 137
송철리 116
쇠북 27
수남이 53
승성실 60
승응순 41, 46, 51, 64
信 77, 78, 80
申 79, 105, 107, 108, 110, 111, 113, 114, 116, 118
신경희 154
신고송 26, 41, 56, 58, 64, 86, 89
신동근 28
신동헌 158
신만수 148
신명균 65, 107, 130, 137, 139, 141, 142
신석범 133
신영돈 35
신영철 32, 33, 38~40, 42, 44~46, 48, 49, 51, 52, 55, 56, 59~67, 72, 76, 77, 81, 84, 85, 94, 95, 103~107, 109, 110, 112, 114, 117, 120, 121, 131, 139
신입생 49, 51, 53, 55
신정우 150
실명씨 85, 118
심동석 115
심동섭 116, 119
심명순 132, 134~138
심예훈 111
심윤관 145
심재승 156
심형필 60, 62, 65, 69, 71, 77, 78, 82, 85, 95, 100, 121, 122, 124, 126, 130, 131, 133, 135, 136, 141, 143, 144, 146
심훈 133
쌍가매 129
씨동 122~125
씨동이 127
씨-삐-에쓰 27

ㅇ

안달선 121, 123
안대산 124, 125
안더-슨 19
안병무 145, 151, 152, 154, 156, 159

안상천 33
안석영 65, 96
안석주 67, 69, 71, 133, 134, 137, 139~142
안선생 23~25, 27, 29, 32, 37, 42, 44, 47, 48, 50, 81, 91, 93, 95, 101, 103
안시원 57
안영경 20
안영자 151
안재홍 94, 101
안정순 147
안종손 136
안창남 21, 22
안평원 57
안흥윤 26
애독자 95
애지씨 126
앤덜쓴 40, 42
앵무새(허정숙) 34
약산학인 67
(양) 156~159
양가빈 113, 116, 118, 119
양고봉 85, 91, 92, 99, 102
양근이 119
양상구 26
양소매 33
양영애 29
양원석 39
양재응 74, 76, 84, 87, 88, 89, 91, 93, 95, 97, 100, 103, 144
양준화 105, 108, 111
양춘석 106
어린이 편즙실 19
어린이 편집부 112
어린이 경서지사 115
어린이부 119
어린이사 일동 32
어린이사 지급통신 32
어린이 편집부 114, 117, 119
어린이 편집실 122, 123
어윤걸 130
어효선 147, 150, 158
억(億) 25
엄삼요 27
엄흥섭 85, 144
에리스・에스・쪼세푸 34
여상현 113
연명흠 86
연선생 95
연성흠 40, 53, 58~60, 62~65, 67, 68, 70, 71, 73~82, 84, 85, 89, 90, 92, 94, 98, 100~103, 111, 144
연호당 61
연호생 54
염근수 76, 87, 88, 97
염기선 152
염상섭 24
염수원 39, 42
염원모 20
영주 122~124
영희 38
오경자 146
오기덕 153
오기영 31
오도광 150
오세창 104, 105, 131
오용주 154, 157
오인경 130
오인영 57
오장환 136, 138, 139
오판석 28
옷둑이 62, 70
옷뚝이 95
요노매 112
요섭 43
요한 34, 106
우경희 151, 154
우요종 157
우종재 150
우찬석 143
우촌(雨村) 19

우춘(又春)　126
운정(雲庭)　20
월견초　76, 85, 93, 94, 97~100, 104, 131
유각경　45
유경환　156
유광렬　33, 46, 60, 61, 62, 73, 85
유달영　151
유도순　62, 65, 66, 68, 73, 85, 89, 93, 96, 99
유동선　84
유명산　29
유성복　152
유순호　30, 53
유영균　150
유영자　158
유영준　50
유영환　151
유익열　147
유천덕　112, 115, 132
유홍종　65, 75
윤극영　20, 23, 24, 26, 28, 30, 32, 36, 38, 42, 46, 55, 60, 66, 80, 88, 92, 93, 130, 132, 133, 135, 137~139, 146, 148~151
윤금랑　79
윤백남　70, 123, 128, 130, 135, 138~142, 144
윤복선　46
윤복진　39, 41, 48, 49, 55, 89, 96, 124
윤봉태　132
윤삼봉　108
윤석동　95
윤석범　148, 156
윤석중　28, 35, 41, 43, 53, 64, 69, 77, 80, 88, 89, 94, 101, 102, 110, 117, 122, 127~144, 146
윤선생　94
윤승열　152
윤양모　26, 151
윤영　134
윤영식　60, 64
윤영희　70
윤옥순　158
윤용순　64, 75
윤재창　104, 105, 108, 109, 112
윤재천　150, 155
윤정석　151
윤정희　39, 44, 51
윤주복　79, 80, 82, 85, 88, 89, 91, 93, 96~98, 100, 102~104, 106, 107, 109
윤청산　124
윤춘자　153
윤항렬　146
윤해영　142, 143
윤헌　37
윤형모　149, 151
윤희순　100
율산인　89, 91, 94, 99~102, 104
은월(銀月)　47
은월(隱月)　124
은하수　131
李　66, 67, 70, 72, 73, 77~80, 82~84, 86, 87, 89, 90, 92, 93, 96~98, 101~103, 145
이강　154
이건호　141
이경노　86
이경득　48
이경석　49
이경숙　98
이경자　67
이관홍　146
이광수　83, 94, 101, 107, 130, 132, 134, 137, 140, 144
이구(李求)　63, 67, 69, 85, 92, 97, 109, 117, 121~124, 126
이규인　23
이근정　58, 124
이근필　49
이긍종　64
이기룡　20

이기영 150, 153, 155, 156
이길록 23
이낙주 132, 135, 142
이덕봉 130
이덕호 74
이돈화 28, 62, 84, 85
이동규 106, 108
이동림 118
이동우 105, 108, 113, 114, 116, 118, 119
이동찬 112, 114, 116, 145, 149, 153
이동호 54
이동훈 148~150
이명식 49, 86
이무영 129, 131, 133~135, 142, 140
이문당 34
이문준 20
이미소 83
이민식 134
이방육 136
이방히 151
이범규 152
이벽하 117
이병관 22
이병두 20
이병현 142
이삼용 129
이상관 112
이상기 151, 152
이상범 131
이상용 152
이상인 115, 120
이상준 134
이서구 66
이석준 144
이석훈 132, 133
이선근 97, 130, 146
이선생 90, 91, 94, 103
이선희 138
이성규 152
이성용 64, 66
이성진 55
이성택 26
이성표 155, 156, 158, 159
이성환 33, 35, 37, 40, 44~47, 54, 62, 64, 66, 68, 70, 75, 77, 80, 84, 85, 97, 100, 101
이소선 158
이수령 154
이순근 22
이순탄 149
이승만 131, 134, 135, 136, 137, 138, 140
이승철 122
이영수 158
이영자 149
이영철 104, 106, 119, 122, 123, 125~129, 131, 135~138, 141, 142, 145, 146, 148, 151, 155, 158
이옥희 41
이완실 27
이용설 142
이용숙 151
이용순 20
이용학 147, 148, 150, 153, 155~157
이원배 64
이원수 46, 51, 54, 60, 64, 75, 84, 86, 87, 89~91, 94, 98, 100~102, 119, 126, 133, 147, 148, 155, 157
이원형 113
이유순 140
이유응 139
이윤섭 113, 118
이윤재 94, 97, 130, 137
이윤제 73
이은상 135, 137~139
이응규 41
이응진 117
이익상 64, 66, 76
이익철 111
이인성 31
이일 95

이재문 108
이정구 42, 47, 52, 56, 61, 64, 78, 79, 86, 99
이정섭 54, 64
이정순 146
이정호 19, 20, 26, 43, 58, 59, 61, 63, 67, 69, 72, 74~76, 79, 80, 82, 83, 85, 87, 88, 89, 92, 97, 98, 100~104, 106, 107, 109, 111, 112, 120~124, 126, 138, 139, 144, 145, 158
이정희 62, 122
이제곤 57
이종구 152
이종린 101
이종순 120
이종화 35
이주총 146
이준홍 79~81, 94
이중하 153
이중한 147
이찬영 136
이찬오 131
이찬옥 134, 135
이찬주 21
이창운 27
이천건 26
이청전(李青田) 65
이춘성 110
이춘식 114
이충선 34
이태선 148, 153, 158
이태식 153
이태운 98
이태준 70, 71, 74~77, 80, 81, 83, 85, 87, 89, 91, 96, 97, 99, 117, 124, 126, 128, 129, 132, 133, 136, 142
이태현 26
이태희 151
이하윤 67
이하진 149
이학린 37
이학중 70, 71, 74~77, 80, 81, 83, 85, 87, 89, 91, 96, 97, 98, 100, 114, 120
이한영 125
이한웅 156
이해연 142
이헌구 126, 131, 138, 140, 144, 145
이현구 155
이형교 121
이형구 157
이형록 139
이형우 68
이호성 22
이호순 118
이호준 150
이홍수 132
이화룡 118
이화섭 119
일기자 29, 31, 43, 48~52, 56, 57, 59~61, 63, 71, 72, 74, 76, 81, 85, 88~90, 92, 94, 98, 103
임동혁 39, 54
임병철 128, 134, 138, 140, 141, 130
임서하 150~154, 156~159
임성록 21
임순갑 36
임연 97, 99
임영재 148, 151
임원호 115, 119, 125, 129, 132, 144
임인식 134
임창순 66
임혁 158
임홍은 143

ㅈ

ㅈㅎ생 19, 20, 22~25, 28, 29
잔물 25, 31, 38, 40, 49, 50
잠수부 50
장경수 147

장귀봉 141, 143, 144
장대승 26
장동식 108
장문성 35
장문진 34
장발 65
장석우 145
장석일 129, 130, 132, 141
장석중 53
장성관 111
장수철 113, 131, 135, 142, 143
장시철 134
장신성 41
장연숙 153
장영실 46
장유훈 153
장적동 143
장중환 48
장효섭 69, 71, 75, 76
적두건 92, 123, 127
적전아 109
전건호 147
전경준 150
전덕교 133
전병덕 60
전봉제 96, 98~100, 102, 103
전상옥 143
전성칠 61
전승우 147
전식 106, 109, 112, 113, 115, 118
전영택 32, 33, 49, 128
전우한 118
전진극 71
전창기 31
전창식 155~157
전춘강 45
전치준 41
전환송 117
정경해 148~150, 152~159
정관수 53
정노강 134
정대위 118, 119, 121
정대현 28
정도준 28
정리경 59, 60
정맹일 20
정병기 20, 29, 32, 43, 48, 52, 54, 67
정비석 154
정생(丁生) 29
정석태 54, 76, 78, 80, 88, 100, 119
정선생 73
정수일 20
정순길 124
정순응 36
정순철 20, 25, 69, 74, 79, 88, 99~101, 103, 118, 119, 122~124, 126, 127, 143
정연순 149
정영옥 141
정영조 118, 119
정우해 141, 143
정윤환 94
정윤희 119~121, 130, 136
정은혜 151
정의성 152
정익영 31
정인섭 43~45, 47, 49, 50, 52, 54, 59, 62, 63, 64, 68, 79, 85, 88, 122, 130, 139, 141
정인혁 115, 117, 119
정인호 30
정지용 52, 131~134
정창길 156
정태병 157
정태이 46
정판윤 21
정호(定鎬) 30, 32~34, 36~39, 42, 51, 52, 56~59, 61
정호(靜湖)생 71, 84
정홍교 83, 96, 98, 101, 102
정홍필 106, 109, 111, 114, 115, 118

제독자 51
조광걸 36
조규수 40~42, 72
조기간 62, 126
조남영 69, 74, 114
조대하 129
조덕현 24
조돈상 115, 117
조동관 83
조동식 28, 54, 76, 83, 107, 125, 139
조만식 125
조백추 45
조병숙 44
조병현 24
조병히 147
조복성 78, 79
조복희 141
조봉진 67
조사원 41
조산강 30, 32, 33
조영규 61
조영근 75, 77, 79, 80, 82, 84, 90, 97, 98
조재숙 149
조재호 20, 35, 43, 52, 59, 68, 70, 76, 78, 83, 100, 112, 121~123, 139, 144
조창용 149
조철호 28
조현긔 75
주간(主幹) 145
주봉출 60
주영철 74
주요섭 40, 42, 49, 126, 129
주요한 66, 84, 90, 94, 97, 99, 121, 130, 133, 137
주항두 106, 107, 111, 117, 119
준비회 127
지만룡 105
지수룡 58, 59, 87
지용 58, 128
지천룡 135
직이 45, 123
직이령감 94
진금성 20
진동렬 132, 133
진동열 115
진병호 121
진장섭 20, 25, 38, 43, 59, 61, 66, 90, 102, 117, 121, 141, 145
쩨루만 72

ㅊ

차남성 115
차복실 26
차상찬 44, 45, 55, 61, 67, 68, 71, 72, 76, 79~82, 84, 85, 87, 88, 91, 94, 102, 104, 106, 110, 112, 114, 115, 120, 122, 123, 125~127, 137, 138, 140~142, 144
차청오 36
차칠선 104, 105, 108, 109, 113, 119, 121
창남(昌男) 50
창동(彰童) 143
창보 70
창송 143
창화(昌化) 41
채규명 113
채규철 77
채남인 145~147
채만식 80, 88, 91, 120
채봉남 56, 59
처선생 100
천선생 57
천응규 58, 60~62, 66, 67, 70, 71, 75, 77~79, 88, 90, 92, 96, 105
천정철 35, 39, 41, 54
천종호 119, 144
철도국 121
청곡 110
청오 43, 78, 79, 120
청오생 39, 81

청우생 71
청천강인 66
청화생 60
최경화 34, 35, 37, 41, 46~48, 51, 65, 67, 68, 71, 73, 74, 78~86, 89~91, 93~103, 106, 108, 112, 114~116, 118, 120
최규동 28
최근당 71
최기옹 143
최남규 91
최독견 102, 103
최동은 78
최두선 54, 73
최득선 39
최린 83
최명환 54
최병화 74, 75, 77, 78, 80~82, 84~86, 88, 89, 93, 94, 96~98, 123, 125~127, 129, 136, 142~144, 155, 158
최상천 141
최석숭 113
최선생 25, 45, 46, 48, 51, 55, 60, 94, 99, 103
최선익 125
최설자 152
최수복 114
최순애 41, 54, 132
최승욱 109
최승일 47, 77, 64
최신복 71, 120
최양숭 108
최여구 79
최영길 48
최영수 144
최영실 36
최영애 35
최영은 58
최영조 128
최영주 78, 81, 83~85, 87~90, 97, 99, 100, 102, 111, 112, 120~123, 125, 126, 128, 129, 131~133, 138, 139
최영철 151
최영히 146
최옥란 128
최옥례 34
최옥영 146
최윤수 117, 154
최윤환 52, 77, 78
최은향 113
최은희 45
최응상 42
최의순 65, 70, 80, 85, 92, 107
최인순 21, 27, 77, 91
최인준 87
최일화 127, 132, 134, 137, 142
최정희 106, 107
최종율 153
최진순 54, 63, 66, 70, 72, 75, 84, 95, 102, 107, 109, 110, 114~116
최창덕 62
최창화 42
최청곡 89, 92, 98~100, 103, 107, 112, 114, 117
최태영 155
최항연 149
최홍선 36
추강(秋江) 27
추광(秋光) 56
추범(秋帆) 44
춘원 106
춘파(春波) 44
춘풍생 47, 127
치차엡 · 크 · 빼니아 102

ㅋ

크리스티나 · 로세티 133

ㅌ

탐보군 80, 81
태영 105
토서방 55

ㅍ

파인 128
편즙급사 48, 79
편즙실 44, 48~53, 148, 150
편즙실급사 31, 43, 69
편즙인 40, 47, 49
편집국 78, 80~82, 100
편집급사 88
편집부 115, 119
편집실 41, 42, 45, 46, 56, 57, 81, 83, 104, 115, 121~123, 125
편집인 35, 38, 41, 43, 46, 55, 58, 68, 75, 82, 87, 105
편집인(方) 31
편집인(신영철) 110
편집하인 45
푸롬 72
푸른소 72, 74, 75, 76, 78, 79
피안탑 27
피천득 133, 135, 137, 140

ㅎ

하소담 48
하안명언(河岸明彦) 125
하일천 85
하청원 23
한경국 155
한규호 57
한-ㄴ 72
한덕선 49
한동훈 151
한뫼 154, 156
한민 120
한민생 103
한백곤 109, 112, 113, 115, 118
한삼녀 74
한선애 22
한양근 151
한인상 152
한인석 135
한인현 137, 140~142
한적봉 115, 128
한정동 35, 38, 40, 45~48, 51, 53, 54, 56, 61, 62, 69, 71, 74, 82, 85, 88~91, 95, 96, 98~100, 102~104, 107, 109, 132, 136~138, 140
한천봉 113
한태봉 105
함영기 130, 140, 141, 143
해영사 인쇄소 40
허대일 127
허만춘 113
허문일 58, 60, 76, 88~91, 100, 102
허봉준 35
허삼봉 79, 87, 91, 92, 98, 99, 114, 116, 123
허악 119
허정숙 34
허종 115
현동염 145, 146, 149, 150, 152, 155~157
현상윤 28
현용택 28
현창동 143
현창식 70
호당 82
호당편 103
홍구 106, 129, 131, 133, 134
홍난파 89, 128, 130, 137, 138, 140, 141
홍복련 126
홍봉하 130
홍성히 153
홍순원 139
홍영 147

홍영후 40, 94
홍은성 61~63
홍은순 148
홍종인 34, 35
홍태유 35
황덕출 54
황문선 56
황병기 145
황복호 37, 42, 53
황선생 23, 52, 55, 88, 100, 101, 103
황성 142
황세관 47
황순원 114, 115
황우(黃禹) 32
황원복 134
황의돈 52, 54
황홍규 147
회촌(灰村) 113
효산(曉山) 60
OO생 37